# 素书 黄帝阴符经

全—本—全—注—全—译

〔汉〕黄石公等 著

中华文化讲堂 注译

傅志咏 修订

团结出版社

**图书在版编目（CIP）数据**

素书、黄帝阴符经 / (汉) 黄石公等著；中华文化讲堂注译.
-- 北京：团结出版社，2016.11

（谦德国学文库）

ISBN 978-7-5126-4604-9

Ⅰ. ①素… Ⅱ. ①黄… ②中… Ⅲ. ①个人—修养—中国—古代②《素书》—注释③《素书》—译文④道家⑤《阴符经》—注释⑥《阴符经》—译文 Ⅳ. ①B825②B223.02

中国版本图书馆CIP数据核字(2016)第266651号

出版：团结出版社

　（北京市东城区东皇城根南街84号　邮编：100006）

电话：(010) 65228880　　65244790　（传真）

网址：www.tjpress.com

Email：65244790@163.com

经销：全国新华书店

印刷：三河市富华印刷包装有限公司

开本：148×210　1/32

印张：4.75

字数：135千字

版次：2017年5月　第1版

印次：2025年 8月　第6次印刷

书号：978-7-5126-4604-9

定价：36.00元

# 《谦德国学文库》出版说明

　　人类进入二十一世纪以来，经济与科技超速发展，人们在体验经济繁荣和科技成果的同时，欲望的膨胀和内心的焦虑也日益放大。如何在物质繁荣的时代，让我们获得内心的满足和安详，从经典中获取智慧和慰藉，或许是我们不二的选择。

　　之所以要读经典，根本在于，我们应当更好地认识我们自己从何而来，去往何处。一个人如此，一个民族亦如此。一个爱读经典的人，其内心世界必定是丰富深邃的。而一个被经典浸润的民族，必定是一个思想丰赡、文化深厚的民族。因为，文化是民族之灵魂，一个民族如果不能认识其民族发展的精神源泉，必定就会失去其未来的生机。而一个民族的精神源泉，就保藏在经典之中。

　　今日，我们提倡复兴中华优秀传统文化，当自提倡重读经典始。然而，读经典之目的，绝不仅在徒增知识而已，应是古人所说的"变化气质"，进一步，是要引领我们进德修业。《易》曰："君子以多识前言往行，以蓄其德。"实乃读经典之要旨所在。

基于此理念，我们决定出版此套《谦德国学文库》，"谦德"，即本《周易》谦卦之精神。正如谦卦初六爻所言："谦谦君子，用涉大川"，我们期冀以谦虚恭敬之心，用今注今译的方式，让古圣先贤的教诲能够普及到每一个人。引导有心的读者，透过扫除古老经典的文字障碍，从而进入经典的智慧之海。

　　作为一套普及型的国学丛书，我们选择经典，不仅广泛选录以儒家文化为主的经、史、子、集，也将视野开拓到释、道的各种经典。一些大家所熟知的经典，基本全部收录。同时，有一些不太为人熟知，但有当代价值的经典，我们也选择性收录。整个丛书几乎囊括中国历史上哲学、史学、文学、宗教、科学、艺术等各领域的基本经典。

　　在注译工作方面，版本上我们主要以主流学界公认的权威版本为底本，在此基础上参考古今学者的研究成果，使整套丛书的注译既能博采众长而又独具一格。今文白话不求字字对应，只在保证文意准确的基础上进行了梳理，使译文更加通俗晓畅，更能贴合现代读者的阅读习惯。

　　古籍的注译，固然是现代读者进入经典的一条方便门径，然而这也仅仅是阅读经典的一个开端。要真正领悟经典的微言大义，我们提倡最好还是研读原本，因为再完美的白话语译，也不可能完全表达出文言经典的原有内涵，而这也正是中国经典的古典魅力所在吧。我们所做的工作，不过是打开阅读经典的一扇门而已。期望藉由此门，让更多读者能够领略经典的风采，走上领悟古人思想之路。进而在生活中体证，方能直趋圣贤之境，真得圣贤典籍之大用。

　　经典，是一代代的古圣先贤留给我们的恩泽与财富，是前辈先人的智慧精华。今日我们在享用这一份财富与恩泽时，更应对古人心存无尽的崇敬与感恩。我们虽恭敬从事，求备求全，然因学养所限、才力不及，舛误难免，恳请先贤原谅，读者海涵。期望这一套国学经典文库，能够为更多人打开博大精深之中华文化的大门。同时也期望得到各界人士的襄助和博雅君子的指正，让我们的工作能够做得更好！

团结出版社

2017年1月

# 前 言

几千年来,《素书》和《阴符经》一直作为道家秘典流传于世。会心者无不被其简朴的行文、锤炼的言语、丰厚深邃的思想内涵所吸引。修道者见素朴,从政者见谋略,文学家见章法,考古家见年代……可谓见仁见智,各臻其美。

《素书》一直被民间视为"奇书""天书"。作者黄石公据传是秦末汉初的"五大隐士"之一。据《史记·留侯世家》所载,张良因谋刺秦始皇不果,亡匿下邳。于下邳桥上遇到黄石公,黄石公三试张良后,授与《素书》,临别时有言:"十三年后,在济北谷城山下,黄石公即我矣。"张良后来以黄石公所授兵书助汉高祖刘邦夺得天下,并于十三年后,在济北谷城下找到了黄石,取而葆祠之。

张良在世没有找到传人,因此将此书埋进了自己的坟墓。张良死后大约五百年,晋乱,盗墓人从张良墓里偷了这本书,上有秘诫云:"不许传于不道不神不圣不贤之人。若非其人,必受其殃。得人不传,亦受其殃。"这段记载于宋人张商英序文里的故事,为《素书》增添了许多神秘的色彩。

《素书》的"素"字，意为简单、朴素。告诉我们，人生要取得成就，无非在于能够遵循道、德、仁、义、礼而已。然而，其道虽简，但是要能够付诸实践，在生活中能够活用，却是极不简单的事情。明朝天启元年的《素书》开头对"素"字作了解读，说："素者，符先天之脉，合玄元之体，在人则为心，在事则为机，冥而无象，微而难窥，秘密而不可测，笔之于书，天地之秘泄矣。"可见，人若能做到这一个"素"字，就可以参透天地之玄机了。

这部只有六章、一百三十二句、一千三百六十字的语录体经典，把道、德、仁、义、礼综为一体，完全贯通了起来，使宇宙和人类融为一体。指出："有道则吉，无道则凶，吉者百福所归，凶者百祸所攻。"告诫人们按道的原理行事，否则必遭凶祸和失败。

为了方便读者更好地理解本书，我们在原文之后，加上了自本书传世以来，最著名的两个释译版本注解，一为宋代宰相张商英的论，一为清代王氏的批语。其中，张商英甚至认为，张良虽然用这部书里的教诲帮助刘邦取得了天下，但是也没有完全领悟书中的奥义，只不过仅能应用此书的十分之一二而已。由此可以推想其意蕴之广大深邃！

和《素书》一样，字数不多但为后世之人无比推崇的，还有一部"旷世奇书"——《阴符经》，全称《黄帝阴符经》。

《阴符经》的作者和他的出现时代，各家说法不同，唐李筌《阴符经疏·自序》说，这一部书是他在嵩山虎口岩中所得到的寇谦之藏书，经文是黄帝所撰，经义是骊山老母所传。宋代的黄庭坚、朱熹曾就此提出过质疑。据《汉书·艺文志》记载，关于黄帝和黄帝时的著作就有六十余种。其中有论道的五种，医经、养生十二种，兵法十二种，其他十余种。后人推测，经文的形成应当是一个从黄帝初创到后世不断修补完善的过程。

《道藏》收录《黄帝阴符经》共二十二种，其中九种注释序论中呈述是轩辕黄帝得《阴符经》，辨天人合变之机，演阴阳动静之妙，遵《阴符经》之义修身、理国、扫除妖孽、安抚黎民。黄帝为了弘扬道义，务于救人，唯恐后世昧此道，违此理，误入歧径，故简集其要，传于世。全书仅三百多字，但言简而意远，文约而理奥，被誉"为古今来修道第一部真经"（清刘一明语）。其注解有几十家之多，有题称伊尹、太公、范蠡、鬼谷子、张良、诸葛亮等人的注解流传。

《阴符经》的基本思想，是依天地自然的运行之道，法阴阳消长变化之理，辨五行生克制化之机，作为修炼、治国、统军、御将的道、法、术。"阴符"意为"暗合"，与老子所说的"微明"相似。将天地、万物、人类三者之间相互形成、相互制约、相互生养、相互感应、相互克害、相互扶助、相互依赖的造化之妙，论述的非常精彩。

开篇"观天之道，执天之行"，提醒人们，谨防天地五气在暗处偷夺人的命体，因为在暗处，故称"五贼"。如果人能悟察五气的妙用，反而能偷夺天地之五气，这样定会昌盛和生长，故曰："见之者昌"。"火生于木，祸发必克；奸生于国，时动必溃"。提醒人们，木焚国破的前因，均在暗处。就修身而言，以"木"喻性，以"火"喻情，以"国"喻身，以

"奸"喻欲。木火、国奸之间又暗合着互为消解、互为损耗偷夺的紧密关系。情妄动必失本性，犹如火燃必焚木。六欲逞狂必丧自体，相似奸佞横行必乱国政。因此，抱道修真之士，应戒除诸妄念，一意真诚，精思固守，返情妄归于本性。方免奸、火之盗，才能与道真合。

此次，将《素书》和《阴符经》两书译注合刊，除了篇幅上的考虑外，还有思想上的相承性。两书渗透着古代圣贤"天人同源""天人一贯""天人合一"的智慧，贯串着古人对整个宇宙自然和人类社会的整体思考。《阴符经》出现的很早，代表着文明的肇始，从体起用，复归本体；《素书》出现在秦汉之际，销百家于一炉，导众流以入海。二书相互发明，可谓成始成终。

因经义古奥难懂，后世注解虽多，但众说纷纭，莫衷一是，初学者常视之为畏途。这次出版我们参照前贤集释和名家注解，做了题解、注释、译文和简评，力求简要详明。

限于注释者的水平和认知，注解和译文仅作为解读原文的参考，错漏之处，在所难免，恳请广大读者不吝赐教。

# 目 录

## 素 书

# 黄帝阴符经

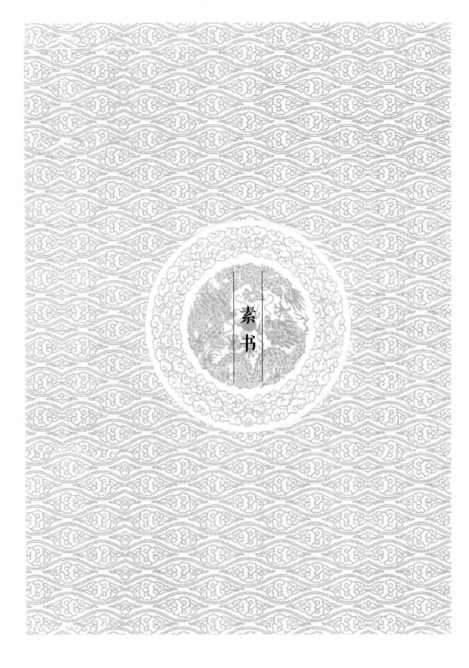

素书

# 序

## 宋·张商英

《黄石公素书》六篇，按《前汉列传》黄石公<sup>①</sup>圯桥所授子房《素书》，世人多以"三略"为是，盖传之者误也。

晋乱，有盗发子房<sup>②</sup>冢<sup>③</sup>，于玉枕中获此书，凡一千三百三十六言，上有秘戒："不许传于不道、不神、不圣、不贤之人；若非其人，必受其殃；得人不传，亦受其殃。"呜呼！其慎重如此。

【注释】①黄石公：黄石公（约公元前292年~公元前195年），秦汉时隐士，别称圯上老人、下邳神人，后被道教纳入神谱。《史记·留侯世家》称其避秦世之乱，隐居东海下邳。其时张良因谋刺秦始皇不果，亡匿下邳。于下邳桥上遇到黄石公。黄石公三试张良后，授与《太公兵法》，临别时有言："十三年后，在济北谷城山下，黄石公即我矣。"张良后来以黄石公所授兵书助汉高祖刘邦夺得天下，并于十三年后，在济北谷城下找到了黄石，取而葆祠之。后世流传有黄石公《素书》和《黄石公三略》。

②子房：指张良。张良（约前250~前186年），字子房，颍川城父人，秦末汉初杰出的谋士、大臣，与韩信、萧何并称为"汉初三杰"。

③冢：坟墓。

**【译文】**秦朝末年的隐士黄石公的《素书》共有六章。按照《前汉列传》所记载，当年黄石传在圯桥上将《素书》传授给张良，大多数人误以为所传之书是《三略》，这实在是以讹传讹啊。

西晋时期，天下大乱。盗墓贼发掘了张良的坟墓，在死者头下的玉枕中发现了这本《素书》，共计有一千三百三十六字，上面题有秘诫说："不允许将此书传于'不道、不神、不圣、不贤之人'，否则必遭祸殃；但是如果遇到合适的传人而不传授，也将遭殃。"可见像《素书》这样一本关系到天下兴亡、个人命运的"天书"，是否要传世，是一件极其慎重的事情！

黄石公得子房而传之，子房不得其传而葬之。后五百余年而盗获之，自是《素书》始传于人间。然其传者，特黄石公之言耳，而公之意，其可以言尽哉。

余窃尝评之："天人之道，未尝不相为用，古之圣贤皆尽心焉。尧钦若昊天，舜齐七政①，禹叙九畴②，傅说陈天道，文王重八卦，周公设天地四时之官，又立三公以燮理阴阳。孔子欲无言，老聃建之以常无有③。《阴符经》④曰：'宇宙在乎手，万物生乎身。'道至于此，则鬼神变化，皆不逃吾之术，而况于刑名度数之间者欤！"

**【注释】**①七政：古天文术语，指日、月和金、木、水、火、土五星。"在璇玑玉衡，以齐七政。"语出《书·舜典》。

②九畴：畴，类。指传说中天帝赐给禹治理天下的九类大法，即《洛书》。

③老聃建之以常无有：语出《庄子·天下》："建之以常无有，主之以太一。"《道德经》首章："道可道，非常道。名可名，非常名。无名天地之始；有名万物之母。故常无，欲以观其妙；常有，欲以观其徼。此两者同出而异名，同谓之玄。玄之又玄，众妙之门。"任何事物都有"有"和"无"两个方面。从"无"的角度来观察事物的好处，从"有"的角度来观察事物的边界。此是老子从"有"和"无"的讲"天人之道"。

④《阴符经》：《黄帝阴符经》又称《阴符经》，关于成书有人说黄帝，有人说是战国时的苏秦，近代学者多认为其成书于南北朝。

【译文】当年黄石公遇到张良这样的豪杰，经过几次无情的考较后，才慎重地传给了他；张良因为没有遇到合适的人选，只好将它和自己一起带进棺材。五百余年后，因盗墓贼得到了它，才从而使这本"奇书"得以在人间流传，然而公之于世的，也只不过是黄石公的极其简略的言词，至于其中的玄机深意，浮浅的言语怎么能穷尽呢？

我与人议论时曾经讲过："天道和人道，何尝不是相辅相成呢？对于天道和人道的关系，古代的圣人贤哲都能够心领神会并尽心竭力地去顺天而行。比如帝尧，恭敬地顺应上天的法则就像敬畏上帝一样；舜遵循天道建立建全七种治理国家的重大政治制度；禹依据自然地理的实际情况把天下划为九州；傅说向殷商中期的继承人武丁讲述天道的原则，才使商朝得以中兴；周文王"法天象地"，才推演发展了八卦；周公旦效法天地四时的规则建立了封建官吏制度，同时设立三公"太师、太傅、太保"负责调和平衡阴阳；孔子觉得天人之道太奥妙了，常常不愿意轻易谈论；老子却用"无"

与"有"来概括天道运行的规律。《黄帝阴符经》中说："对于大自然的运行规律了然于心之后，思想才会处于一种自由状态，于是就会感到周围的一切都在自己的把握之中，万事万物的变化都由我来主宰。一个人的道行到了这种地步，神鬼变化都无法逃脱其谋术，更何况类似刑罚、名实、制度、相卜这些不足挂齿的小事呢！"

黄石公，秦之隐君子也。其书简，其意深；虽尧、舜、禹、文、傅说[①]、周公、孔、老，亦无以出此矣。

然则，黄石公知秦之将亡，汉之将兴，故以此《书》授子房。而子房者，岂能尽知其《书》哉！凡子房之所以为子房者，仅能用其一二耳。

【注释】①傅说：傅氏始祖，古虞国人。殷商时期著名贤臣，先秦史传为商王武丁丞相，为"三公"之一。典籍记载傅说本为胥靡（囚犯），武丁求贤臣良佐，梦得圣人，醒来后将梦中的圣人画影图形，派人寻找，最终在傅岩找到傅说，举以为相，国乃大治，形成了历史上有名的"武丁中兴"。

【译文】黄石公是一位秦时的世外高人，他传给张良的这本书，词语虽然简略，但含义却很深邃，即使尧、舜、禹、文王、傅说、周公、孔子、老子的思想也没有起出此书的范围。

他知道秦朝就要灭亡，汉朝即将兴起，因此把《素书》传给了张良，让他替天行道，帮助刘邦灭秦兴汉。张良虽然完成了这一历史使命，但他又怎么能完全精通这本书的奥妙呢？张良之所以能成为千古流芳的张良，功成名遂，全身而退，也只不过用了其中的十分之一、二罢了。

《书》曰："阴计外泄者败。"子房用之，尝劝高帝王韩信矣；《书》曰："小怨不赦，大怨必生。"子房用之，尝劝高帝侯雍齿[①]矣；《书》曰："决策于不仁者险。"子房用之，尝劝高帝罢封六国矣；《书》曰："设变致权，所以解结。"子房用之，尝致四皓[②]而立惠帝矣；《书》曰："吉莫吉于知足。"子房用之，尝择留自封矣；《书》曰："绝嗜禁欲，所以除累。"子房用之，尝弃人间事，从赤松子游矣。

嗟乎！遗粕弃滓[③]，犹足以亡秦、项而帝沛公，况纯而用之、深而造之者乎！

【注释】①雍齿（公元前192年）：秦末汉初泗水郡沛县（今江苏沛县）人，原为沛县世族。齿素轻刘邦。公元前202年，汉高祖刘邦恩赏功臣封为列侯。刘邦于是封雍齿为什邡侯（2500户）。汉惠帝三年（公元前192年），雍齿去世，谥号肃侯。

②四皓，即商山四皓，秦时隐士，汉代逸民。是居住在陕西商山深处的四位白发皓须、德高望众、品行高洁的老者。他们四位分别是苏州太湖甪里先生周术，河南商丘东园公唐秉，湖北通城绮里季吴实，浙江宁波夏黄公崔广。

③遗粕弃滓，指遗弃的残渣或糟粕。

【译文】当年韩信要求刘邦封他为齐王，刘邦很恼火，但又是用人之际，刘邦不能得罪韩信，张良正是运用《素书》上所说的"阴计外泄者败"这一谋略的基本法则，暗示刘邦答应了韩信的要求，才使他能最后打败项羽。当天下初定，众功臣因没有得到封赏而策划叛乱的时候，张良根据"小怨不赦，大怨必生"的人情世故，劝汉高祖首先封赏了与他有隔阂的雍齿为什邡侯，从而安定了人心，防止了一场宫廷内乱。当刘邦被项羽围困在荥阳的时候，刘邦一筹莫展，谋士郦食其建议刘邦重封六国的后代，以争取各国君臣百姓的拥戴，张良知道这一决策不是出于真正的仁爱之心，根据"决策于不仁者险"的原则，说服了刘邦，把已经赶制好的印信全部收回，才使刘邦避免了一场灭顶之灾。《素书》上说"设变致权，所以解结。"张良使用这条计谋，招来商山中的四位贤人，使汉高祖决心立太子刘盈为帝。《素书》中说："吉莫吉于知足。"张良加以运用，提出只愿意封留地，告老不问世事。《素书》上说："绝嗜禁欲，所以除累。"张良采用了这一明哲保身的至理，抛弃功成名就后的荣华富贵，飘然出世，避开了政治斗争的漩涡，与清风明月为侣，逍遥自在地度过了一生。

真神妙啊！张良只用了《素书》中一些残渣余唾，就推翻了秦王朝，打败了项羽，辅佐刘邦统一了天下，如果能领会其中的精华奥义，进而有所发挥，灵活运用，那会是一种什么样的景象呢？

自汉以来，章句文词之学炽，而知道①之士极少。如诸葛亮、王猛②、房乔③、裴度④等辈，虽号为一时贤相，至于先王大道，曾未足以知仿佛。此《书》所以不传于不道、不神、不圣、不贤之人也。

离有离无之谓"道"，非有非无之谓"神"，有而无之之谓"圣",无而有之之谓"贤"⑤。非此四者,虽口诵此《书》,亦不能身行之矣。

【注释】①知道:知,明白,通达,晓知。道,即宇宙人生的真理。

②王猛:(325年~375年),字景略,东晋北海郡剧县(今山东潍坊寿光东南)人,后移家魏郡。十六国时期著名的政治家、军事家,在前秦官至丞相、大将军,辅佐苻坚扫平群雄,统一北方,被称作"功盖诸葛第一人"。

③房乔:房玄龄(579年~648年),名乔,字玄龄,以字行于世,唐初齐州人,房彦谦之子。房玄龄18岁时本州举进士,授羽骑尉。房玄龄在渭北投秦王李世民后,为李世民出谋划策,典管书记,是李世民得力的谋士之一。武德九年,他参与玄武门之变,与杜如晦、长孙无忌、尉迟敬德、侯君集五人并功第一。唐太宗李世民即位后,房玄龄为中书令;贞观三年二月为尚书左仆射;贞观十一年封梁国公;贞观十六年七月进位司空,仍综理朝政。贞观二十二年七月廿四癸卯日,房玄龄病逝,谥文昭。

④裴度:(765年~839年),字中立,河东闻喜(今山西闻喜东北)人。唐代中期杰出的政治家、文学家。裴度出身河东裴氏的东眷裴氏,为德宗贞元五年(789年)进士。宪宗时累迁司封员外郎、中书舍人、御史中丞,支持宪宗削藩。视行营中军,还朝后与武元衡均遇刺,武元衡遇害,裴度亦伤首,遂代其为相,拜中书侍郎,同中书门下平章事,后亲自出镇,督统诸将平定淮西。元和十三年(818年)淮西平,拜金紫光禄大夫、弘文馆大学士、上柱国,封晋国公,世称"裴晋公"。后历仕穆宗、敬宗、文宗三朝,数度出镇拜相。晚年随世俗沉浮以避祸。官终中书令,故称"裴令"。开成四年(839年)卒,赠太傅,谥号文忠。会昌元年(846年)加赠太师,后配享宪宗庙廷。

⑤离有离无之谓"道"....之谓"贤"。此句与老子《道德经》"失道而后德，失德而后仁，失仁而后义，失义而后礼。"有异曲同工之妙，如"道、德、仁、义"依次排序，每况愈下，"道、神、圣、贤"亦是，"道"排最上乘，向下依次是"神"、"圣"、"贤"。

**【译文】**自从汉刘氏一统天下以来，为分章析句、诗词文赋的学问蔚然成风，蓬勃发展，但是真正认识、掌握宇宙大道的哲人却寥寥无几。诸如三国时的诸葛亮、十六国时的王猛、初唐的房玄龄、唐宪宗时的裴度这些名臣，虽然被世人称作冠绝一时的贤相，但他们对于道为何物，连其依稀仿佛的皮毛也并没有领会多少，其原因就在于他们还算不上是通晓"天道"的神异之才，造福苍生的圣贤之士，所以没有那个福气得其真传。

脱离"有"、"无"的是得道之人，对于"有"、"无"无分别心能做一体看待的是神异之人，能从"有"的表象看到"无"的境界的是圣明之人，能把"无"之高深境界，运用到现实"有"的事物上的是贤能之人。如果不是这四种人，即使将《素书》熟读成诵，也无济于事。

# 原始章第一

注曰：道不可以无始。

王氏曰：原者，根。原始者，初始。章者，篇章。此章之内，先说道、德、仁、义、礼，此五者是为人之根本，立身成名的道理。

【题解】此章论述做人处世的根本和发端，因此称为"原始章"。黄石公认为，做人应该道、德、仁、义、礼五者俱备。要在时机未到之时，加强自身的道德修养，审时度势，洞察先机，一旦抓住机遇，则胸怀天下、施展抱负、成就伟大的事业。

**夫道、德、仁、义、礼，五者一体也。**

【注解】注曰：离而用之则有五，合而浑之则为一；一之所以贯五，五所以衍一。

王氏曰：此五件是教人正心、修身、齐家、治国、平天下的道理；若肯一件件依著行，乃立身、成名之根本。

【译文】道、德、仁、义、礼五者，本为一体，不可分离。

道者，人之所蹈，使万物不知其所由。

【注解】注曰：道之衣被万物，广矣，大矣。一动息，一语默，一出处，一饮食。大而八荒之表，小而芒芥之内，何适而非道也？仁不足以名，故仁者见之谓之仁；智不足以尽，故智者见之谓之智；百姓不足以见，故日用而不知也。

王氏曰：天有昼夜，岁分四时。春和、夏热、秋凉、冬寒；日月往来，生长万物，是天理自然之道。容纳百川，不择净秽。春生、夏长、秋盛、冬衰，万物荣枯各得所宜，是地利自然之道。人生天、地、君、臣之义，父子之亲，夫妇之别，朋友之信，若能上顺天时，下察地利，成就万物，是人事自然之道也。

【译文】道，是一种自然规律，人人都在遵循着自然规律，自己却意识不到这一点，自然界万事万物亦是如此。

德者，人之所得，使万物各得其所欲。

【注解】注曰：有求之谓欲。欲而不得，非德之至也。求于规矩者，得方圆而已矣；求于权衡者，得轻重而已矣。求于德者，无所欲而不得。君臣父子得之，以为君臣父子；昆虫草木得之，以为昆虫草木。大得以成大，小得以成小。迩之一身，远之万物，无所欲而不得也。

王氏曰：阴阳、寒暑运在四时，风雨顺序，润滋万物，是天之德也。天地草木各得所产，飞禽、走兽，各安其居；山川万物，各遂其性，是地之德也。讲明圣人经书，通晓古今事理。安居养性，正心修身，忠于君主，孝于父母，诚信于朋友，是人之德也。

**【译文】** 德，即是获得，依德而行，可使一己的欲求得到满足，自然界万事万物也是如此。

仁者，人之所亲，有慈惠恻隐①之心，以遂其生成。

**【注解】** 注曰：仁之为体如天，天无不覆；如海，海无不容；如雨露，雨露无不润。慈慧恻隐，所以用仁者也。仁非亲亲于天下，而天下自亲之。无一夫不获其所，无一物不获其生。《书》曰："鸟、兽、鱼、鳖咸若。"《诗》曰："敦彼行苇，牛羊勿践履。"其仁之至也。

王氏曰：己所不欲，勿施于人。若行恩惠，人自相亲。责人之心责己，恕己之心恕人。能行义让，必无所争也。仁者，人之所亲，恤孤念寡，周急济困，是慈惠之心；人之苦楚，思与同忧；我之快乐，与人同乐，是恻隐之心。若知慈惠、恻隐之道，必不肯妨误人之生理，各遂艺业、营生、成家、富国之道。

**【注释】** ①恻隐：对受苦难的人表示同情；心中不忍。

**【译文】** 仁，是人所独具的仁慈、爱人的心理，人能关心、同情人，各种善良的愿望和行动就会产生。

义者，人之所宜，赏善罚恶，以立功立事。

【注解】注曰：理之所在，谓之义；顺理决断，所以行义。赏善罚恶，义之理也；立功立事，义之断也。

王氏曰：量宽容众，志广安人；弃金玉如粪土，爱贤善如思亲；常行谦下恭敬之心，是义者人之所宜道理。有功好人重赏，多人见之，也学行好；有罪歹人刑罚惩治，多人看见，不敢为非，便可以成功立事。

【译文】义，是人所认为符合某种道德观念的行为，人们根据义的原则奖善惩恶，以建立功业。

礼者，人之所履，夙兴夜寐①，以成人伦之序。

【注解】注曰：礼，履也。朝夕之所履践而不失其序者，皆礼也。言、动、视、听，造次必于是，放、僻、邪、侈，从何而生乎？

王氏曰：大抵事君、奉亲，必当进退；承应内外，尊卑须要谦让。恭敬侍奉之礼，昼夜勿怠，可成人伦之序。

【注释】①夙，早；兴，起来；寐，睡。早起晚睡。形容非常勤奋。出自《诗经·卫风·氓》："夙兴夜寐，靡有朝矣。"

【译文】礼，是规定社会行为的法则，规范仪式的总称。人人必须遵循礼的规范，兢兢业业，夙兴夜寐，按照君臣、父子、夫妻、兄弟等人伦关系所排列的顺序行事。

夫欲为人之本，不可无一焉。

【注解】注曰：老子曰："失道而后德，失德而后仁；失仁而后义，失义而后礼。"失者，散也。道散而为德，德散而为仁；仁散而为义，义散而为礼。五者未尝不相为用，而要其不散者，道妙而已。老子言其体，故曰："礼者，忠信之薄而乱之首。"黄石公言其用，故曰："不可无一焉。"

王氏曰：道、德、仁、义、礼此五者是为人，合行好事；若要正心、修身、齐家、治国，不可无一焉。

【译文】这五个条目是做人的根本，缺一不可的。

贤人君子，明于盛衰之道，通乎成败之数；审乎治乱之势，达乎去就之理。

【注解】注曰：盛衰有道，成败有数；治乱有势，去就有理。

王氏曰：君行仁道，信用忠良，其国昌盛，尽心而行；君若无道，不听良言，其国衰败，可以退隐闲居。若贪爱名禄，不知进退，必遭祸于身也。

能审理、乱之势，行藏必以其道，若达去、就之理，进退必有其时。参详国家盛衰模样，君若圣明，肯听良言，虽无贤辅，其国可治；君不圣明，不纳良言，傅远贤能，其国难理。见可治，则就其国，竭立而行；若难理，则退其位，隐身闲居。有见识贤人，要省理、乱道理、去、就动静。

【译文】贤明能干的人物，品德高尚的君子，都能看清国家兴盛、衰弱、存亡的道理，通晓事业成败的规律，明白社会政治修明与纷乱的形势，懂得隐退仕进的原则。

**故潜居抱道，以待其时。**

【注解】注曰：道犹舟也，时犹水也；有舟楫之利而无江河以行之，亦莫见其利涉也。

王氏曰：君不圣明，不能进谏、直言，其国衰败。事不能行其政，隐身闲居，躲避衰乱之亡；抱养道德，以待兴盛之时。

【译文】因此，当条件不适宜之时，都能默守正道，甘于隐伏，等待时机的到来。

**若时至而行，则能极人臣之位；得机而动，则能成绝代之功；如其不遇，没身而已。**

【注解】注曰：养之有素，及时而动；机不容发，岂容拟议者哉？

王氏曰：君臣相遇，各有其时。若遇其时，言听事从；立功行正，必至人臣相位。如魏征初事李密之时，不遇明主，不遂其志，不能成名立事；遇唐太宗圣德之君，言听事从，身居相位，名香万古，此乃时至而成功。事理安危，明之得失；临时而动，遇机会而行。辅佐明君，必施恩布德；理治国事，当以恤军、爱民；其功足高，同于前代贤臣。不遇明君，隐迹埋名，守分闲居；若是强行谏诤，必伤其身。

【译文】一旦时机到来而有所行动，常能建功立业位极人臣。如果所遇非时，也不过是淡泊以终而已。

### 是以其道足高，而名重于后代。

【注解】注曰：道高则名垂于后而重矣。

王氏曰：识时务、晓进退，远保全身，好名传于后世。

【译文】因此，像这样的人物常能树立极为崇高的典范，名重于后世。

# 正道章第二

注曰：道不可以非正。

王氏曰：不偏其中，谓之正；人行之履，谓之道。此章之内，显明英俊、豪杰，明事顺理，各尽其道，所行忠、孝、义的道理。

【题解】本章紧接上章之后，论述做人的正道。有德君子胸怀大志，当德、才、学不可或缺。信义才智、襟怀气魄、眼光手段兼优，如此者，乃为人中龙凤、世间俊杰。这才是做人的正道，也是成就功名事业的坦途。黄石公将人才分为"俊、豪、杰"三品。

**德足以怀远。**

【注解】注曰：怀者，中心悦而诚服之谓也。

王氏曰：善政安民，四海无事；以德治国，远近咸服。圣德明君，贤能良相，修德行政，礼贤爱士，屈己于人，好名散于四方，豪杰若闻如此贤义，自然归集。此是德行齐足，威声伏远道理。

**【译文】**品德高尚，则可使远方之人前来归顺。

## 信足以一异，义足以得众。

**【注解】**注曰：有行有为，而众人宜之，则得乎众人矣。天无信，四时失序；人无信，行止不立。人若志诚守信，乃立身成名之本。君子寡言言必忠信，一言议定再不肯改议、失约。有得有为而众人宜之，则得乎众人心。一异者，言天下之道一而已矣，不使人分门别户。赏不先于身，利不厚于己；喜乐共用，患难相恤。如汉先主结义于桃园，立功名于三国；唐太宗集义于太原，成事于隋末，此是义足以得众道理。

**【译文】**诚实不欺，可以统一不同的意见。道理充分可以得到部下群众的拥戴。

## 才足以鉴古，明足以照下，此人之俊也。

**【注解】**注曰：嫌疑之际，非智不决。

王氏曰：古之成败，无才智，不能通晓今时得失；不聪明，难以分辨是非。才智齐足，必能通晓时务；聪明广览，可以详辨兴衰。若能参审古今成败之事，便有鉴其得失。天运日月，照耀于昼夜之中，无所不明；人聪耳目，听鉴于声色之势，无所不辨。居人之上，如镜高悬，一般人之善恶，自然照见。在上之人，善能分辨善恶，别辨贤愚；在下之人，自然不敢为非。能行此五件，便是聪明俊毅之人。德行存之于心，仁义行之于外。但凡动静其间，若有威仪，是形端表正之礼。人若见之，动静安详，行止威仪，自然心生恭敬之礼，上下不敢怠慢。自知者，明知人者。智明可以鉴察自己之善恶，智可以详决他人之嫌疑。聪明之人，事奉君王，必要省晓嫌疑道理。若是嫌疑时分却近前，行必惹祸患怪怨，其间管领勾当，身必不安。若识嫌疑，便识进退，自然身无祸也。

【译文】才识杰出，可以借鉴历史。聪明睿智可以知众而容众。这样的人，可以称他为人中之俊。

行足以为仪表，智足以决嫌疑，信可以使守约，廉可以使分财，此人之豪也。

【注解】注曰：孔子为委吏乘田之职是也。

王氏曰：诚信，君子之本；守己，养德之源。若有关系机密重事，用人其间，选拣身能志诚，语能忠信，共与会约；至于患难之时，必不悔约、失信。掌法从其公正，不偏于事；主财守其廉洁，不私于利。肯立纪纲，遵行法度，财物不贪爱。惜行止，有志气，必知羞耻；此等之人，掌管钱粮，岂有虚废？若能行此四件，便是英豪贤人。

【译文】行为端正，可以为人表率。足智多谋，可以解决疑难问题。天无信，四时失序，人无信，行止不立。如果能忠诚守信，这是立身成名之本。君子寡言，言而有信，一言议定，再不肯改议、失约。是故讲究信用，可以守约而无悔。廉洁公正，且疏财仗义。这样的人，可以称他为人中之豪。

**守职而不废，处义而不回。**

**【注解】**注曰：迫于利害之际而确然守义者，此不回也。

王氏曰：设官定位，各有掌管之事理。分守其职，勿择干办之易难，必索尽心向前办。不该管干之事休管，逞自己之聪明，强搅览而行为之，犯分合管之事；若不误了自己上名爵、职位必不失废。

避患求安，生无贤易之名；居危不便，死尽效忠之道。侍奉君王，必索尽心行政；遇患难之际，竭力亡身，宁守仁义而死也，有忠义清名；避仁义而求生，虽存其命，不以为美。故曰：有死之荣，无生之辱。

临患难效力尽忠，遇危险心无二志，身荣名显。快活时分，同共受用；事急、国危，却不救济，此是忘恩背义之人，君子贤人不肯背义忘恩。如李密与唐兵阵败，伤身坠马倒于涧下，将士皆散，唯王伯当一人在侧，唐将呼之，汝可受降，免你之死。伯当曰：忠臣不侍二主，吾宁死不受降。恐矢射所伤其主，伏身于李密之上，后被唐兵乱射，君臣叠尸，死于涧中。忠臣义士，患难相同；临危遇难，而不苟免。王伯当忠义之名，自唐传于今世。

【译文】恪尽职守，而无所废弛；坚守道义，而不改初衷。

## 见嫌而不苟免①。

【注解】注曰：周公不嫌于居摄，召公则有所嫌也。孔子不嫌于见南子，子路则有所嫌也。居嫌而不苟免，其惟至明乎。

【注释】①嫌：猜忌，猜疑。苟免：苟且免于损害。

【译文】遇到猜疑，仍能坚持做自己认为正确的事，不会为了免于损害而苟且不做。

## 见利而不苟得①，此人之杰也。

【注解】注曰：俊者，峻于人也；豪者，高于人；杰者，桀于人。有德、有信、有义、有才、有明者，俊之事也。有行、有智、有信、有廉者，豪之事也。至于杰，则才行足以名之矣。然，杰胜于豪，豪胜于俊也。

王氏曰：名显于己，行之不公者，必有其殃；利荣于家，得之不义者，必损其身。事虽利己，理上不顺，勿得强行。财虽荣身，违碍法度，不可贪爱。贤善君子，顺理行义，仗义俦财，必不肯贪爱小利也。能行此四件，便是人士之杰也。诸葛武侯、狄梁，公正人之杰也。武侯处三分偏安、敌强君庸，危难疑嫌莫过如此。梁公处周唐反变、奸后昏主，危难嫌疑莫过于此。为武侯难，为梁公更难，谓之人杰，真人杰也。

【注释】①苟得：意指以不正当的手段而取得。

【译文】利字当头，懂得不悖理苟得。这样的人，可以称为人中之杰。

# 求人之志章第三

注曰: 志不可以妄求。

王氏曰: 求者, 访问推求; 志者, 人之心志。此章之内, 谓明贤人必求其志, 量材受职, 立纲纪、法度、道理。

【题解】本章承接上章继续论述君子应该如何加强自身的道德、品质、能力等诸多方面的素养。所谓志, 就是指志气、信念、抱负。要实现人生的抱负, 就要磨砺意志、修炼品德、增长见识。每句格言都语重心长, 包含着前人的经验教训, 值得反复涵泳。

**绝嗜禁欲, 所以除累。**

【注解】注曰: 人性清净, 本无系累; 嗜欲所牵, 舍己逐物。

王氏曰: 远声色, 无患于己; 纵骄奢, 必伤其身。虚华所好, 可以断除; 贪爱生欲, 可以禁绝, 若不断除色欲, 恐蔽塞自己。聪明人被虚名、欲色所染污, 必不能正心、洁己; 若除所好, 心清志广；绝色欲，无污累。

【译文】杜绝不良的嗜好，禁止非分的欲望，这样可以免除各种牵累。

### 抑非损恶，所以禳①过。

【注解】注曰：禳，犹祈禳而去之也。非至于无，抑恶至于无，损过可以无禳尔。

王氏曰：心欲安静，当可戒其非为；身若无过，必以断除其恶。非理不行，非善不为；不行非理，不为恶事，自然无过。

【注释】①禳：祭名，指祈祷消除灾殃、去邪除恶之祭。

【译文】抑制不合理的行为，减少邪恶的行径，这样可以避免过失。

### 贬酒阙色①，所以无污②。

【注解】注曰：色败精，精耗则害神；酒败神，神伤则害精。

王氏曰：酒能乱性，色能败身。性乱，思虑不明；神损，行事不清。若能省酒、戒色，心神必然清爽、分明，然后无昏聩之过。

【注释】①贬：降低，减少。阙：同“缺”，控制，减少。②污：污染，污点。

【译文】减少饮酒，远离美色，如此不贪杯，不好色，可以保持身心高洁不被污染。

避嫌远疑，所以不误。

**【注解】**注曰：于迹无嫌，于心无疑，事乃不误尔。

王氏曰：知人所嫌，远者无危，识人所疑，避者无害，韩信不远高祖而亡。若是嫌而不避，疑而不远，必招祸患，为人要省嫌疑道理。

**【译文】**回避嫌疑，远离惑乱，这样可以不出错误。

博学切问，所以广知。

**【注解】**注曰：有圣贤之质，而不广之以学问，弗勉故也。

王氏曰：欲明性理，必须广览经书；通晓疑难，当以遵师礼问。若能讲明经书，通晓疑难，自然心明智广。

**【译文】**广泛地学习，仔细地提出各种问题，这样可以丰富自己的知识。

高行微言，所以修身。

**【注解】**注曰：行欲高而不屈，言欲微而不彰。

王氏曰：行高以修其身，言微以守其道；若知诸事休夸说，行将出来，人自知道。若是先说却不能行，此谓言行不相顾也。聪明之人，若有涵养，简富不肯多言。言行清高，便是修身之道。

**【译文】**行为高尚，辞锋不露，这样可以修养身心、陶冶性情。

恭俭谦约，所以自守；深计远虑，所以不穷。

**【注解】**注曰：管仲之计，可谓能九合诸侯矣，而穷于王道；商鞅之计，可谓能强国矣，而穷于仁义；弘羊之计，可谓能聚财矣，而穷于养民；凡有穷者，俱非计也。

王氏曰：恭敬先行礼义，俭用自然常足；谨身不遭祸患，必无虚谬。恭、俭、谨、约四件若能谨守、依行，可以保守终身无患。所以，智谋深广，立事成功；德高远虑，必无祸患。人若深谋远虑，所以事理皆合于道；随机应变，无有穷尽。

**【译文】**恭敬、节俭、谦逊、简约，这样可以守身不辱；深谋远虑，这样可以不至于困危。

亲仁友直，所以扶颠。

**【注解】**注曰：闻誉而喜者，不可以得友直。

王氏曰：父母生其身，师友长其智。有仁义、德行贤人，常要亲近正直、忠诚，多行敬爱；若有差错，必然劝谏、提说此；结交必择良友,若遇患难,递相扶持。

**【译文】**亲近仁义之士,结交正直之人,这样可以在逆境中彼此扶持,互相帮助。

### 近恕笃行,所以接人。

**【注解】**注曰:极高明而道中庸,圣贤之所以接人也。高明者,圣人之所独;中庸者,众人之所同也。

王氏曰:亲近忠正之人,学问忠正之道;恭敬德行之士,讲明德行之理。此是接引后人,止恶行善之法。

**【译文】**为人尽量宽容,行为敦厚,这是待人处世之道。

### 任材使能,所以济物。

**【注解】**注曰:应变之谓材,可用之谓能。材者,任之而不可使;能者,使之而不可任,此用人之术也。

王氏曰:量才用人,事无不办;委使贤能,功无不成;若能任用才能之人,可以济时利务。如:汉高祖用张良陈平之计,韩信英布之能,成立大汉天下。

**【译文】**任才使能,使人人能尽其才,这是用人成事之要领。

### 殚①恶斥谗,所以止乱。

【注解】注曰：谗言恶行，乱之根也。

王氏曰：奸邪当道，逞凶恶而强为；谗佞居官，仗势力以专权，逞凶恶而强为；不用忠良，其邦昏乱。仗势力专权，轻灭贤士，家国危亡；若能俦绝邪恶之徒，远去奸谗小辈，自然灾害不生，祸乱不作。

【注释】①殚：用尽；竭尽，这里引申为除尽，去尽。

【译文】抑制邪恶，斥退谗佞之徒，这样可以防止动乱。

推古验今，所以不惑。

【注解】注曰：因古人之迹，推古人之心，以验方今之事，岂有惑哉？

王氏曰：始皇暴虐行无道而丧国，高祖宽洪，施仁德以兴邦。古时圣君贤相，宜正心修身，能齐家治国平天下；今时君臣，若学古人，肯正心修身，也能齐家、治国、平天下。若将眼前公事，比并古时之理，推求成败之由，必无惑乱。

【译文】推求往古，验证当今，这样可以不受迷惑。

先揆后度，所以应卒。

【注解】注曰：执一尺之度，而天下之长短尽在是矣。仓卒事物之来，而应之无穷者，揆度有数也。

王氏曰：料事于未行之先，应机于仓卒之际，先能料量眼前时务，后有定度所行事体。凡百事务，要先算计，料量已定，然后却行，临时必无差错。

【译文】了解事态，心中有数，这样可以应付仓卒事变。

设变致权，所以解结。

【注解】注曰：有正、有变、有权、有经。方其止，有所不能行，则变而归之于正也；方其经，有所不能用，则权而归之于经也。

王氏曰：施设赏罚，在一时之权变；辨别善恶，出一时之聪明。有谋智、权变之人，必能体察善恶，别辨是非。从权行政，通机达变，便可解人所结冤仇。

【译文】采用灵活手法，施展权变之术，这样可以解决复杂的矛盾。

括囊①顺会，所以无咎。

【注解】注曰：君子语默以时，出处以道；括囊而不见其美，顺会而不发其机，所以免咎。

王氏曰：口招祸之门，舌乃斩身之刀；若能藏舌缄口，必无伤身之祸患。为官长之人，不合说的却说，招惹怪责；合说不说，挫了机会。慎理而行，必无灾咎。

【注释】①括囊：出自《易·坤》。结扎袋口。亦喻缄口不言。

【译文】心中有数，闭口不言，凡事能顺从时机，这样可以远离纠纷，免于灾祸。

**橛橛梗梗，所以立功；孜孜淑淑，所以保终。**

【注解】注曰：橛橛者，有所恃而不可摇；梗梗者，有所立而不可挠。孜孜者，勤之又勤；淑淑者，善之又善。立功莫如有守，保终莫如无过也。

王氏曰：君不行仁，当要直言、苦谏；国若昏乱，以道摄正、安民。未行法度，先立纪纲；纪纲既立，法度自行。上能匡君、正国，下能恤军、爱民。心无私徇，事理分明，人若处心公正，能为敢做，便可立功成事。诚意正心，修身之本；克己复礼，养德之先。为官掌法之时，虑国不能治，民不能安；常怀奉政谨慎之心，居安虑危，得宠思辱，便是保终无祸患。

【译文】坚定不移，正直刚强，这样才能建功立业；勤勉惕励，心地善良，这样才能善始善终。

# 本德宗道章第四

注曰：言本宗不可以离道德。

王氏曰：君子以德为本，圣人以道为宗。此章之内，论说务本、修德、守道、明宗道理。

【题解】本书以"原始"开篇，论述做人处世的根本和发端，接着以"正道"章论述君子应该走的人生大道，然后以"求人之志"论述君子的志向发展和修身之道。本章则继续展开论述成就人生的大道，阐明人生的根本在于道德。道之于物，无处不在，无时不有。深切体味天地之真谛，才能出神入化地运用到人道之中。

**夫志心笃行之术，长莫长于博谋。**

【注解】注曰：谋之欲博。

王氏曰：道、德、仁、智存于心；礼、义、廉、耻用于外；人能志心笃行，乃立身成名之本。如伊尹为殷朝大相，受先帝遗诏，辅佐幼主太甲为是。太甲不行仁政，伊尹临朝摄政，将太甲放之桐宫三载，修德行政，改悔旧过；伊尹集众大臣，复立太甲为君，乃行仁道。以此尽忠行政贤明良相，古今少有人；若志诚正心，立国全身之良法。君不仁德、圣明，难以正国、安民。臣无善策、良谋，不能立功行政。齐家、治国无谋不成。攻城破敌，有谋必胜，必有机变。临事谋设，若有机变、谋略，可以为师长。

【译文】欲始志向坚定，笃实力行，最好的方法，莫过于深思多谋，把各种因素都考虑到。

## 安莫安于忍辱。

【注解】注曰：至道旷夷，何辱之有。

王氏曰：心量不宽，难容于众；小事不忍，必生大患。凡人齐家，其间能忍、能耐，和美六亲；治国时分，能忍、能耐，上下无怨相。如能忍廉颇之辱，得全贤义之名。吕布不舍侯成之怨，后有丧国亡身之危。心能忍辱，身必能安；若不忍耐，必有辱身之患。

【译文】最安全的方式，莫过于能忍受一时之屈辱。

## 先莫先于修德。

【注解】注曰：外以成物，内以成己，此修德也。

王氏曰: 齐家治国, 必先修养德行。尽忠行孝, 遵仁守义, 择善从公, 此是德行贤人。

【译文】最优先的要务, 莫过于进德修业。

**乐莫乐于好善, 神莫神于至诚。**

【注解】注曰: 无所不通之谓神。人之神与天地参, 而不能神于天地者, 以其不至诚也。

王氏曰: 疏远奸邪, 勿为恶事; 亲近忠良, 择善而行。子胥治国, 惟善为宝; 东平王治家, 为善最乐。心若公正, 身不行恶; 人能去恶从善, 永远无害终身之乐。复次, 志诚于天地, 常行恭敬之心; 志诚于君王, 当以竭力尽忠。志诚于父母, 朝暮谨身行孝; 志诚于朋友, 必须谦让。如此志诚, 自然心合神明。

【译文】最快乐的态度, 莫过于乐善好施; 最神奇的人生体验, 莫过于用心至诚。

**明莫明于体物①。**

【注解】注曰:《记》云: "清明在躬, 志气如神。" 如是, 则万物之来, 其能逃吾之照乎!

王氏曰: 行善、为恶在于心, 意识是明, 非出乎聪明。贤能之人, 先可照鉴自己心上是非、善恶。若能分辨自己所行, 善恶明白,然后可以体察、辨明世间成败、兴衰之道理。复次，谨身节用，常足有余；所有衣、食，量家之有、无，随丰俭用。若能守分，不贪、不夺，自然身清名洁。

【注释】①体：谓设身处地而察其心意。体物：努力训练自己的观察力，以能把握住事物的本质。

【译文】最高明的做法，莫过于体悟事物的本质及运行之理。

## 吉莫吉于知足。

【注解】注曰：知足之吉，吉之又吉。

王氏曰：好狂图者，必伤其身；能知足者，不遭祸患。死生由命，富贵在天。若知足，有吉庆之福，无凶忧之祸。

【译文】最吉祥的想法，莫过于懂得满足。

## 苦莫苦于多愿。

【注解】注曰：圣人之道，泊然无欲。其于物也，来则应之，去则无系，未尝有愿也。古之多愿者，莫如秦皇、汉武。国则愿富，兵则愿疆；功则愿高，名则愿贵；宫室则愿华丽，姬嫔则愿美艳；四夷则愿服，神仙则愿致。然而，国愈贫，兵愈弱；功愈卑，名愈钝；卒至于所求不获而遗恨狼狈者，多愿之所苦也。

夫治国者，固不可多愿。至于贤人养身之方，所守其可以不约乎!

王氏曰：心所贪爱，不得其物；意在所谋，不遂其愿。二件不能称意，自苦于心。

【译文】最痛苦的缺点，莫过于欲求太多。

## 悲莫悲于精散。

【注解】注曰：道之所生之谓一，纯一之谓精，精之所发之谓神。其潜于无也，则无生无死，无先无后，无阴无阳，无动无静。其舍于神也，则为明、为哲、为智、为识。血气之品，无不禀受。正用之，则聚而不散；邪用之，则散而不聚。目淫于色，则精散于色矣；耳淫于声，则精散于声矣。口淫于味，则精散于味矣；鼻淫于臭，则精散于臭矣。散之不已，岂能久乎？

王氏曰：心者，身之主；精者，人之本。心若昏乱，身不能安；精若耗散，神不能清。心若昏乱，身不能清爽；精神耗散，忧悲灾患自然而生。

【译文】最悲哀的情形，莫过于过分放纵欲望，而致精神过分耗散。

## 病莫病于无常。

【注解】注曰：天地所以能长久者，以其有常也；人而无常，不其病乎？

王氏曰：万物有成败之理，人生有兴衰之数；若不随时保养，必生患病。人之有生，必当有死。天理循环，世间万物岂能免于无常？

【译文】最麻烦的毛病，莫过于反覆无常。

## 短莫短于苟得。

【注解】注曰：以不义得之，必以不义失之；未有苟得而能长也。

王氏曰：贫贱人之所嫌，富贵人之所好。贤人君子不取非义之财，不为非理之事；强取不义之财，安身养命岂能长久？！

【译文】最短视的行为，莫过于以不义之行而苟且所得之利。

## 幽莫幽于贪鄙。

【注解】注曰：以身殉物，暗莫甚焉。

王氏曰：美玉、黄金，人之所重；世间万物，各有其主，倚力、恃势，心生贪爱，利己损人，巧计狂图，是为幽暗。

【译文】最愚昧的行为，莫过于贪婪鄙陋。

## 孤莫孤于自恃①。

【注解】注曰：桀纣自恃其才，智伯自恃其疆，项羽自恃其勇，高莽自恃其智，元载、卢杞，自恃其狡。

自恃，则气骄于外而善不入耳；不闻善则孤而无助，及其败，天下争从而亡之。

王氏曰：自逞己能，不为善政，良言傍若无知，所行恣情纵意，倚著些小聪明，终无德行，必是傲慢于人。人说好言，执蔽不肯听从；好言语不听，好事不为，虽有千金、万众，不能信用，则如独行一般，智寡身孤，德残自恃。

【注释】①恃：凭借。自恃：倚仗自己的某种优势或条件。

【译文】最易导致孤独无助困境的行为，莫过于仗势放纵，目中无人。

## 危莫危于任疑。

【注解】注曰：汉疑韩信而任之，而信几叛；唐疑李怀光而任之，而怀光遂逆。

王氏曰：上疑于下，必无重用之心；下惧于上，事不能行其政；心既疑人，勾当休委。若是委用，心不相托；上下相疑，事业难成，犹有危亡之患。

【译文】最危险的举措，莫过于任用自己不信任的人。

败莫败于多私<sup>①</sup>。

**【注解】**注曰：赏不以功，罚不以罪；喜佞恶直，党亲远疏；小则结匹夫之怨，大则激天下之怒，此多私之所败也。

王氏曰：不行公正之事，贪爱不义之财；欺公枉法，私求财利。后有累己、败身之祸。

**【注释】**①多私：私心过重，多种私欲丛生，如任用奸佞、疏远贤直、赏罚不明、贪赃枉法、以权谋私等。

**【译文】**最失败的行径，莫过于私欲过重。

# 遵义章第五

注曰：遵而行之者，义也。

王氏曰：遵者，依奉也。义者，宜也。此章之内，发明施仁、行义，赏善、罚恶，立事、成功道理。

【题解】所谓"遵义"就是为人处世，成就功名事业必须遵循某些法则、规律。本章总结了四十六种可能给自己带来灾祸的行为，内容简练、教育深刻，语言精彩。

**以明示下者暗。**

【注解】注曰：圣贤之道，内明外晦。惟，不足于明者，以明示下，乃其所以闇也。

王氏曰：才学虽高，不能修于德行；逞己聪明，恣意行于奸狡，能责人之小过，不改自己之狂为，岂不暗者哉？！

【译文】在部下面前显示高明，是一种愚蠢的行为。

有过不知者蔽。

**【注解】**注曰：圣人无过可知；贤人之过，造形而悟；有过不知，其愚蔽甚矣！

王氏曰：不行仁义，及为邪恶之非；身有大过，不能自知而不改。如隋炀帝不仁无道，杀坏忠良，苦害万民为是，执迷心意不省，天下荒乱，身丧国亡之患。

**【译文】**有过错而不能自知，是愚钝至极的人。

迷而不返者惑。

**【注解】**注曰：迷于酒者，不知其伐吾性也。迷于色者，不知其伐吾命也。迷于利者，不知其伐吾志也。人本无迷，惑者自迷之矣！

王氏曰：日月虽明，云雾遮而不见；君子虽贤，物欲迷而所暗。君子之道，知而必改；小人之非，迷无所知。若不点检自己所行之善恶，鉴察平日所行之是非，必然昏乱、迷惑。

**【译文】**沉迷物欲而不知回返，是迷惑无知的人。

以言取怨者祸。

**【注解】**注曰：行而言之，则机在我，而祸在人；言而不行，则机在人，而祸在我。

王氏曰：守法奉公，理合自宜；职居官位，名正言顺。合谏不谏，合说不说，难以成功。若事不干己，别人善恶休议论；不合说，若强说，招惹怨怪，必伤其身。

【译文】因为语言招致怨恨，一定会有祸患。

令与心乖者废。

【注解】注曰：心以出令，令以心行。

王氏曰：掌兵领众，治国安民，施设威权，出一时之号令。口出之言，心不随行，人不委信，难成大事，后必废亡。

【译文】政令与施令者本心违背，则政令难以得到大力推行，易成空文。

后令缪前者毁。

【注解】注曰：号令不一，心无信而事毁弃矣！

王氏曰：号令行于威权，赏罚明于功罪，号令既定，众皆信惧，赏罚从公，无不悦服。所行号令，前后不一，自相违毁，人不听信，功业难成。

【译文】政令前后不一，臣民无所适从，会导致政治混乱，甚至失败。

怒而无威者犯。

【注解】注曰：文王不大声以色，四国畏之。故孔子曰：不怒而威于斧钺。

王氏曰：心若公正，其怒无私，事不轻为，其为难犯。为官之人，掌管法度、纲纪，不合喜休喜，不合怒休怒，喜怒不常，心无主宰；威权不立，人无惧怕之心，虽怒无威，终须违犯。

【译文】虽然发怒了但没有威严，以下犯上的事情就多了。

好众辱人者殃。

【注解】注曰：己欲沽直名而置人于有过之地，取殃之道也！

王氏曰：言虽忠直伤人主，怨事不干己，多管有怪；不干自己勾当，他人闲事休管。逞著聪明，口能舌辩，伦人善恶，说人过失，揭人短处，对众羞辱；心生怪怨，人若怪怨，恐伤人之祸殃。

【译文】喜欢当众侮辱别人，一定会有灾难。

戮辱所任者危。

【注解】注曰：人之云亡，危亦随之。

王氏曰：人有大过，加以重刑；后若任用，必生危亡。有罪之人，责罚之后，若再委用，心生疑惧。如韩信有十件大功，汉王封为齐王，信怀忧惧，身不自安；心有异志，高祖生疑，不免未央之患；高祖先谋，危于信矣。

【译文】对手下的大将罚之过当，一定会有危险。

## 慢其所敬者凶。

【注解】注曰：以长幼而言，则齿也；以朝廷而言，则爵也；以贤愚而言，则德也。三者皆可敬，而外敬则齿也、爵也，内敬则德也。

王氏曰：心生喜庆，常行敬重之礼；意若憎嫌，必有疏慢之情。常恭敬事上，怠慢之后，必有疑怪之心。聪明之人，见怠慢模样，疑怪动静，便可回避，免遭凶险之祸。

【译文】怠慢应受尊重的人，一定会招致不幸。

## 貌合心离者孤①，亲谗远忠者亡。

【注解】注曰：谗者，善揣摩人主之意而中之；而忠者，推逆人主之过而谏之。谗者合意多悦，而忠者逆意者多怨；此子胥杀而吴亡；屈原放，而楚灭是也。

王氏曰：赏罚不分功罪，用人不择贤愚；相会其间，虽有恭

敬模样，终无内敬之心。私意于人，必起离怨；身孤力寡，不相
扶助，事难成就。

亲近奸邪，其国昏乱；远离忠良，不能成事。如楚平王，听
信费无忌谗言，纳子妻无祥公主为后，不听上大夫伍奢苦谏，纵
意狂为。亲近奸邪，疏远忠良，必有丧国、亡家之患。

【注释】①貌合心离者孤：貌合神离，其势必孤，其力必散，其事必
败。

【译文】表面上关系密切，实际上心怀异志的，一定会陷于孤
独。亲近谗慝，远离忠良，一定会灭亡。

## 近色远贤者昏①，女谒②公行者乱。

【注解】注曰：如太平公主、韦庶人之祸是也。

王氏曰：重色轻贤，必有伤危之患；好奢纵欲，难免败亡之
乱。如纣王宠妲己，不重忠良，苦虐万民。贤臣比干、箕子、微子，
数次苦谏不肯；听信怪恨谏说，比干剖腹、剜心，箕子入官为奴，
微子佯狂于市。损害忠良，疏远贤相，为事昏迷不改，致使国亡。
后妃之亲，不可加于权势；内外相连，不行公正。如汉平帝，权势
归于王莽，国事不委大臣。王莽乃平帝之皇丈，倚势挟权，谋害忠
良，杀君篡位。侵夺天下、此为女谒公行者，招祸乱之患。

【注解】①昏：迷乱，昏乱。②谒：拜见，说明，陈述，告发。这里引申
为干涉、扰乱。

【译文】亲近女色，疏远贤人，必是昏聩目盲。女子干涉大政，

一定会有动乱。

**私人以官者浮。**

【注解】注曰：浅浮者，不足以胜名器，如牛仙客为宰相之类是也。

王氏曰：心里爱喜的人，多赏则物不可任；于官位委用之时，误国废事，虚浮不重，事业难成。

【译文】任人唯私，必然导致政事虚浮。

**凌下取胜者侵。**

【注解】王氏曰：恃己之勇，妄取强盛之名；轻欺于人，必受凶威之害。心量不宽，事业难成；功利自取，人心不伏。霸王不用贤能，倚自强能之势，赢了汉王七十二阵，后中韩信埋伏之计，败于九里山前，丧于乌江岸上。此是强势相争，凌下取胜，反受侵夺之患。

【译文】欺凌下属而获得胜利的，自己也一定会受到下属的侵犯。

**名不胜实者耗。**

【注解】注曰：陆贽曰："名近于虚，于教为重；利近于实，于义为轻。"然则，实者所以致名，名者所以符实。名实相资，则不耗匮矣。

王氏曰：心实奸狡，假仁义而取虚名；内务贪饕，外恭勤而惑于众。朦胧上下，钓誉沽名；虽有名、禄，不能久远；名不胜实，后必败亡。

【译文】所享受的名声超过自己的实际才能，即使耗尽精力也治理不好事务。

略己而责人者不治。

【注解】王氏曰：功归自己，罪责他人；上无公正之名，下无信惧之意。赞己不能为能，毁人之善为不善。功归自己，众不能治；罪责于人，事业难成。

【译文】忽略自己的错误，却对别人求全责备的，无法处理好事务。

自厚而薄人者弃废。

【注解】注曰：圣人常善救人而无弃人；常善救物而无弃物。自厚者，自满也。非仲尼所谓："躬自厚"之厚也。自厚而薄人，则人才将弃废矣。

王氏曰：功名自取，财利己用；疏慢贤能，不任忠良，事岂能行？如吕布受困于下邳，谋将陈宫谏曰："外有大兵，内无粮草；黄河泛涨，倘若城陷，如之奈何？"吕布言曰："吾马力负千斤过水如过平地，与妻貂蝉同骑渡河有何忧哉？"侧有手将侯成听言之后，盗吕布马投于关公，军士皆散，吕布被曹操所擒斩于白门。此是只顾自己，不顾众人，不能成功，后有丧国，败身之患。

【译文】对自己宽厚，对别人刻薄的，一定被众人遗弃。

## 以过弃功者损，群下外异者沦。

【注解】注曰：措置失宜，群情隔息；阿谀并进，私徇并行。人人异心，求不沦亡，不可得也。

王氏曰：曾立功业，委之重权；勿以责于小过，恐有惟失；抚之以政，切莫弃于大功，以小弃大。否则，验功恕过，则可求其小过而弃大功，人心不服，必损其身。

君以名禄进其人，臣以忠正报其主。有才不加其官，能守诚者，不赐其禄；恩德爱于外权，怨结于内；群下心离，必然败乱。

【译文】因为小过失便废弃别人的功劳的，一定会大失人心。部下纷纷有离异之心，必定沦亡。

## 既用不任者疏。

【注解】注曰：用贤不任，则失士心。此管仲所谓："害霸也。"

王氏曰：用人辅国行政，必与赏罚、威权；有职无权，不能立功、行政。用而不任，难以掌法、施行；事不能行，言不能进，自然上下相疏。

【译文】既然用了人却不给予信任，不放权的必定导致关系疏远。

## 行赏吝色者沮。

【注解】注曰：色有靳吝，有功者沮，项羽之刓印是也。

王氏曰：嘉言美色，抚感其劳；高名重爵，劝赏其功。赏人其间，口无知感之言，面有怪恨之怒。然加以厚爵，终无喜乐之心，必起怨离之志。

【译文】论功行赏时吝啬小气，形于颜色，必定使人感到沮丧。

## 多许少与者怨。

【注解】注曰：失其本望。

王氏曰：心不诚实，人无敬信之意；言语虚诈，必招怪恨之怨。欢喜其间，多许人之财物，后悔悭吝；却行少与，返招怪恨；再后言语，人不听信。

【译文】承诺多，兑现少，必招致怨恨。

## 既迎而拒者乖。

【注解】注曰：刘璋迎刘备而反拒之是也。

【译文】起初竭诚欢迎，末了又拒于门外，一定会恩断义绝。

## 薄施厚望者不报。

【注解】注曰：天地不仁，以万物为刍狗；圣人不仁，以百姓为刍狗。覆之、载之，含之、育之，岂责其报也。

王氏曰：恩未结于人心，财利不散于众。虽有所赐，微少、轻薄，不能厚恩、深惠，人无报效之心。

【译文】给予别人小恩小惠，却希望得到厚报的，一定会大失所望。

## 贵而忘贱者不久。

【注解】注曰：道足于己者，贵贱不足以为荣辱；贵亦固有，贱亦固有。惟小人骤而处贵则忘其贱，此所以不久也。

王氏曰：身居富贵之地，恣逞骄傲狂心；忘其贫贱之时，专享目前之贵。心生骄奢，忘于艰难，岂能长久！

【译文】富贵之后就忘却贫贱时候的情状，一定不会长久。

## 念旧恶而弃新功者凶。

【注解】注曰：切齿于睚眦之怨，眷眷于一饭之恩者，匹夫之量。有志于天下者，虽仇必用，以其才也；虽怨必录，以其功也。汉高祖侯雍齿，录功也；唐太宗相魏郑公，用才也。

王氏曰：赏功行政，虽仇必用；罚罪施刑，虽亲不赦。如齐桓公用管仲，弃旧仇，而重其才；唐太宗相魏征，舍前恨，而用其能；旧有小过，新立大功。因恨不录者凶。"

【译文】耿耿于怀于别人旧恶，视而不见其所立新功的，一定会遭受大的凶险。

## 用人不得正者殆，强用人者不畜。

【注解】注曰：曹操强用关羽，而终归刘备，此不畜也。

王氏曰：官选贤能之士，竭力治国安民；重委奸邪，不能奉公行政。中正者，无官其邦；昏乱、谗佞者当权，其国危亡。贤能不遇其时，岂就虚名？虽领其职位，不谋其政。如曹操爱关公之能, 官封寿亭侯, 赏以重禄; 终心不服, 后归先主。

【译文】任用无德邪恶之徒, 一定会有危险。勉强任用的人, 一定留不住。

为人择官者乱, 失其所强者弱。

【注解】注曰: 有以德强者, 有以人强者, 有以势强者, 有以兵强者。尧舜有德而强, 桀纣无德而弱; 汤武得人而强, 幽厉失人而弱。周得诸侯之势而强, 失诸侯之势而弱; 唐得府兵而强, 失府兵而弱。其于人也, 善为强, 恶为弱; 其于身也, 性为强, 情为弱。

王氏曰: 能清廉立纪纲者, 不在官之大小, 处事必行公道。如光武之任董宣为洛县令, 湖阳公主家奴, 杀人不顾性命, 苦谏君主, 好名至今传说。若是不问贤愚, 专择官大小, 何以治乱、民安! 轻欺贤人, 必无重用之心; 傲慢忠良, 人岂尽其才智? 汉王得张良陈平者强, 霸王失良平者弱。

【译文】为官总是挑官职大小, 这样的人必将导致局面的混乱; 失去自己的优势, 力量必然削弱。

决策于不仁者险。

【注解】注曰: 不仁之人, 幸灾乐祸。

王氏曰：不仁之人，智无远见；高明若与共谋，必有危亡之险。如唐明皇不用张九龄为相，命杨国忠、李林甫当国。有贤良好人，不肯举荐，恐搀了他权位；用奸谗歹人为心腹耳目，内外成党，闭塞上下，以致禄山作乱，明皇失国，奔于西蜀，国忠死于马嵬坡下。此是决策不仁者，必有凶险之祸。

【译文】处理问题、制定决策时没有远见，向心地不良的小人问计，必有危险。

**阴计外泄者败，厚敛薄施者凋。**

【注解】注曰：凋，削也。文中子曰："多敛之国，其财必削。"

王氏曰：机若不密，其祸先发；谋事不成，后生凶患。机密之事，不可教一切人知；恐走透消息，返受灾殃，必有败亡之患。秋租、夏税，自有定例；废用浩大，常是不足。多敛民财，重征赋税；必损于民。民为国之根本，本若坚固，其国安宁；百姓失其种养，必有雕残之祸。

【译文】秘密的计划一旦泄露出去，一定会失败。横征暴敛、薄施寡恩，一定会衰落。

**战士贫，游士<sup>①</sup>富者衰。**

**【注解】**注曰：游士鼓其颊舌，惟幸烟尘之会；战士奋其死力，专捍强场之虞。富彼贫此，兵势衰矣！

王氏曰：游说之士，以喉舌而进其身，官高禄重，必富于家；征战之人，舍性命而立其功，名微俸薄，禄难赡其亲。若不存恤战士，重赏三军，军势必衰，后无死战勇敢之士。

**【注释】**①游士：游说谋划之人。

**【译文】**奋勇征战的将士生活贫穷，鼓舌摇唇的说客安享富贵，国势一定会衰落。

## 货赂公行者昧。

**【注解】**注曰：私昧公，曲昧直也。

王氏曰：恩惠无施，仗威权侵吞民利；善政不行，倚势力私事公为。欺诈百姓，变是为非；强取民财，返恶为善。若用贪饕掌国事，必然昏昧法度，废乱纪纲。

**【译文】**公开以财货行贿政府官员的行为蔚然成风，政治必定十分昏暗。

## 闻善忽略，记过不忘者暴。

**【注解】**注曰：暴则生怨。

王氏曰：闻有贤善好人，略时间欢喜；若见忠正才能，暂时敬爱；其有受贤之虚名，而无用人之诚实。施谋善策，不肯依随；忠直良言，不肯听从。然有才能，如无一般；不用善人，必不能为善。

齐之以德，广施恩惠；能安其人，行之以政。心量宽大，必容于众；少有过失，常记于心；逞一时之怒性，重责于人，必生怨恨之心。

【译文】知道别人的优点长处却不重视，对别人的缺点错误反而耿耿于怀的，则是作风粗暴。

## 所任不可信，所信不可任者浊。

【注解】注曰：浊，溷也。

王氏曰：疑而见用怀其惧，而失其善；用而不信竭其力，而尽其诚。既疑休用，既用休疑；疑而重用，必怀忧惧，事不能行。用而不疑，秉公从政，立事成功。

【译文】使用的人不堪信任，信任的人又不能胜任其职，那么政局就会变得混浊不堪。

## 牧人①以德者集，绳人以刑者散。

【注解】注曰：刑者，原于道德之意而恕在其中；是以先王以刑辅德，而非专用刑者也。故曰：牧之以德则集，绳之以刑则散也。

王氏曰：教以德义，能安于众；齐以刑罚，必散其民。若将礼、义、廉、耻，化以孝、悌、忠、信，使民自然归集。官无公正之心，吏行贪饕；侥幸户役，频繁聚敛百姓；不行仁道，专以严刑，必然逃散。

**【注解】**①牧人：即治理百姓。

**【译文】**依靠道德的力量来治理人民，人民就会团结；若一味地依靠刑法来维持统治，则人民将离散而去。

小功不赏，则大功不立；小怨不赦，则大怨必生。

**【注解】**王氏曰：功量大小，赏分轻重；事明理顺，人无不伏。盖功德乃人臣之善恶；赏罚，是国家之纪纲。若小功不赐赏，无人肯立大功。志高量广，以礼宽恕于人；德尊仁厚，仗义施恩于众人。有小怨不能忍，舍专欲报恨，返招其祸。如张飞心急性燥，人有小过，必以重罚，后被帐下所刺，便是小怨不舍，则大怨必生之患。

**【译文】**小的功劳不奖赏，便不会建立大功劳；小的怨恨不宽赦，大的怨恨便会产生。

赏不服人，罚不甘心者叛。赏及无功，罚及无罪者酷。

**【注解】**注曰：人心不服则叛也。非所宜加者，酷也。

王氏曰：赏轻生恨，罚重不共。有功之人，升官不高，赏则轻微，人必生怨。罪轻之人，加以重刑，人必不服。赏罚不明，国之大病；人离必叛，后必灭亡。施恩以劝善人，设刑以禁恶党。私赏无功，多人不忿；刑罚无罪，众士离心。此乃不共之怨也。

【译文】奖赏不能服人，处罚不能让人甘心，必定引起叛乱；赏及无功之人，罚及无罪之人，就是所谓的残酷。

听谗而美，闻谏而仇者亡。能有其有者安，贪人之有者残。

【注解】注曰：有吾之有，则心逸而身安。

王氏曰：君子忠而不佞，小人佞而不忠。听谗言如美味，怒忠正如仇仇，不亡国者，鲜矣！

若能谨守，必无疏失之患；巧计狂徒，后有败坏之殃。如智伯不仁，内起贪饕、夺地之志生，奸绞侮韩魏之君，却被韩魏与赵襄子暗合，返攻杀智伯，各分其地。此是贪人之有，返招败亡之祸。"

【译文】听到谗佞献媚之言就十分高兴，听到逆耳忠谏之言便心生怨恨，一定灭亡。藏富于民，以百姓的富有作为本身的富有，这样才会安定；欲壑难填，总是贪求别人所有的，必然残民以逞。

# 安礼章第六

注曰: 安而履之为礼。

王氏曰: 安者, 定也。礼者, 人之大体也。此章之内, 所明承上接下, 以显尊卑之道理。

【题解】本章为全书的总结, 在讲述了道、德、志、义之后, 将做人成大事的立身之本归结为"礼"。"礼"者, 理也, 也就是做人处世的规律和原则。本章把人生中安危祸福、贫富贵贱的来源和道理剖析的淋漓尽致, 对人生中发展自己, 趋势避害、保全自身、成就事业颇具实际指导意义。

怨在不舍小过, 患在不豫定谋; 福在积善, 祸在积恶。

【注解】注曰: 善积则致于福, 恶积则致于祸; 无善无恶, 则亦无祸无福矣。

王氏曰: 君不念旧恶。人有小怨, 不能忘舍, 常怀恨心; 人生疑惧，岂有报效之心？事不从宽，必招怪怨之过。人无远见之明，必有近忧之事。凡事必先计较、谋算必胜，然后可行。若不料量，临时无备，仓卒难成。不见利害，事不先谋，返招祸患。人行善政，增长福德；若为恶事，必招祸患。

**【译文】**怨恨产生于不肯赦免小的过失，祸患产生于事前未做仔细的谋划；幸福在于积善累德，灾难在于多行不义。

## 饥在贱农，寒在惰织；安在得人，危在失士；

**【注解】**王氏曰：懒惰耕种之家，必受其饥；不勤养织之人，必有其寒。种田、养蚕，皆在于春；春不种养，秋无所收，必有饥寒之患。国有善人，则安；朝失贤士，则危。韩信、英布、彭越三人，皆有智谋，霸王不用，皆归汉王；拜韩信为将，英布、彭越为王；运智施谋，灭强秦，而诛暴楚；讨逆招降，以安天下。汉得人，成大功；楚失贤，而丧国。

**【译文】**轻视农业，必招致饥馑；惰于蚕桑纺织，必挨冷受冻。得贤能之人相助则国家安定，失去贤士相助，则社稷危亡。

## 富在迎来①，贫在弃时②。

**【注解】**注曰：唐尧之节俭，李悝（克）之尽地利，越王勾践之十年生聚，汉之平准，皆所以迎来之术也。

王氏曰: 富起于勤俭, 时未至, 而可预办。谨身节用, 营运生财之道, 其家必富, 不失其所。贫生于怠惰, 好奢纵欲, 不务其本, 家道必贫, 失其时也。

【注释】①迎来: 为实现未来目标而早做筹划, 并于当下身体力行, 如: 勤俭、重农、休养生息、重商等, 如此国家政治稳定、经济繁荣, 自然吸引远处的百姓前来安居而乐业, 国家也因此更加富强。

②废时: 为 "迎来" 反义词, 即废弃当下应该做的事, 懒惰、奢侈浪费、纵欲好战、荒废农、商时机, 不务正业, 不着眼当下, 就无光明未来, 国家国库亏空, 国力虚弱。

【译文】富裕在于有长远的打算, 勤俭谋划未来; 贫穷是因为娇奢怠惰、不务正业, 抓不住机遇。

上无常躁, 下多疑心。

【注解】注曰: 躁静无常, 喜怒不节; 群情猜疑, 莫能自安。

王氏曰: 喜怒不常, 言无诚信; 心不忠正, 赏罚不明。所行无定准之法, 语言无忠信之诚。人生疑怨, 事业难成。

【译文】上位者反覆无常, 言行不一, 部属必生猜疑之心, 以求自保。

轻上生罪, 侮下无亲。

【注解】注曰: 轻上无礼, 侮下无恩。

王氏曰：承应君王，当志诚恭敬；若生轻慢，必受其责。安抚士民，可施深恩、厚惠；侵慢于人，必招其怨。轻篾于上，自得其罪；欺罔于人，必不相亲。

**【译文】** 对上官轻视怠慢，必定获罪；对下属侮辱傲慢，必定失去亲附。

### 近臣不重，远臣轻之。

**【注解】** 注曰：淮南王言：去平津侯如发蒙耳。

王氏曰：君不圣明，礼衰、法乱；臣不匡政，其国危亡。君王不能修德行政，大臣无谨惧之心；公卿失尊敬之礼，边起轻慢之心。近不奉王命，远不尊朝廷；君上者，须要知之。

**【译文】** 近臣不尊重中央政府，不执行中央政策指示，地方上就更不尊重了，中央政府就失去威信了。

### 自疑不信人，自信不疑人。

**【注解】** 注曰：暗也。明也。

王氏曰：自起疑心，不信忠直良言，是为昏暗；己若诚信，必不疑于贤人，是为聪明。

**【译文】** 没有自信的人看不清局势、摸不透情况，往往就会怀疑他人；有自信的人全局在胸，先机在手，则知人善任。

枉士无正友，曲上无直下。

**【注解】**注曰：李逢吉之友，则"八关""十六子"之徒是也。

王氏曰：谄曲、奸邪之人，必无志诚之友。

注曰：元帝之臣则弘恭、石显是也。

王氏曰：不仁无道之君，下无直谏之士。士无良友，不能立身；君无贤相，必遭危亡。

**【译文】**喜欢阿谀献媚、行事奸邪的小人，不会有正直的朋友。在邪僻的上司领导下，必没有正直的部下。

危国无贤人，乱政无善人。

**【注解】**注曰：非无贤人、善人，不能用故也。

王氏曰：谗人当权，恃奸邪榢害忠良，其国必危。君子在野，无名位，不能行政；若得贤明之士，辅君行政，岂有危亡之患？纵仁善之人，不在其位，难以匡政、直言。君不圣明，其政必乱。

**【译文】**行将灭亡的国家，决不会有贤人辅政；陷于混乱的政治，决不会有善人参与。

爱人深者求贤急，乐得贤者养人厚。

【注解】注曰: 人不能自爱, 待贤而爱之; 人不能自养, 待贤而养之。

王氏曰: 若要治国安民, 必得贤臣良相。如周公摄正辅佐成王, 或梳头、吃饭其间, 闻有宾至, 三遍握发, 三番吐哺, 以待迎之。欲要成就国家大事, 如周公忧国、爱贤, 好名至今传说。聚人必须恩义, 养贤必以重禄; 恩义聚人, 遇危难舍命相报。重禄养贤, 辄国事必行中正。如孟尝君养三千客, 内有鸡鸣狗盗者, 皆恭养、敬重。于他后遇患难, 猪盗秦国孤裘, 鸡鸣函谷关下, 身得免难, 还于本国。孟尝君能养贤, 至今传说。

【译文】深深爱惜人才者, 一定急于求贤才; 从心底乐得贤才者, 则必定会以高薪厚禄来蓄积贤才。

国将霸者士皆归。

【注解】注曰: 赵杀鸣犊, 故夫子临河而返。

【译文】国家即将称霸, 人才都会聚集来归附。

邦将亡者贤先避。

【注解】注曰: 若微子去商, 仲尼去鲁是也。

【译文】邦国即将败亡, 贤者先行隐退。

地薄者，大物不产；水浅者，大鱼不游；树秃者，大禽不栖；林疏者，大兽不居。

**【注解】**注曰：此四者，以明人之浅则无道德；国之浅则无忠贤也。

王氏曰：地不肥厚，不能生长万物；沟渠浅窄，难以游于鲸鳌。君王量窄，不容正直忠良；不遇明主，岂肯尽心于朝。高鸟相林而栖，避害求安；贤臣择主而佐，立事成名。树无枝叶，大鸟难巢；林若稀疏，虎狼不居。君王心志不宽，仁义不广，智谋之人，必不相助。

**【译文】**土地贫瘠，不能生出宝物；水浅之处，养不出大鱼，其他地方的大鱼也游不过来；秃树之上，大的珍禽不会栖息；树林稀疏，大的野兽不会居住。

山峭者崩，泽满者溢。

**【注解】**注曰：此二者，明过高、过满之戒也。

王氏曰：山峰高崄，根不坚固，必然崩倒。君王身居高位，掌立天下，不能修仁行政，无贤相助，后有败国、亡身之患。池塘浅小，必无江海之量；沟渠窄狭，不能容于众流。君王治国心量不宽，恩德不广，难以成立大事。

【译文】山势过于陡峭，则容易崩塌；河湖、沼泽蓄水过满，则会漫溢出来。

### 弃玉取石者盲。

【注解】注曰：有目与无目同。

王氏曰：虽有重宝之心，不能分拣玉石；然有用人之志，无智别辨贤愚。商人探宝，弃美玉而取顽石，空废其力，不富于家。君王求士，远贤良而用谗佞；枉费其禄，不利于国。贤愚不辨，玉石不分；虽然有眼，则如盲暗。

【译文】弃美玉而取顽石者，犹如瞎子一样。

### 羊质虎皮者辱。

【注解】注曰：有表无里，与无表同。

王氏曰：羊披大虫之皮，假做虎的威势，遇草却食；然似虎之形，不改羊之性。人倚官府之势，施威于民；见利却贪，虽妆君子模样，不改小人非为。羊食其草，忘披虎皮之威。人贪其利，废乱官府之法，识破所行谲诈，返受其殃，必招损己、辱身之祸。

【译文】本质为羊，却披上老虎皮，装腔作势者必有辱身之祸。

衣不举领<sup>①</sup>者倒。

**【注解】**注曰: 当上而下。

王氏曰: 衣无领袖, 举不能齐; 国无纪纲, 法不能正。衣服不提领袖, 倒乱难穿; 君王不任大臣, 纪纲不立, 法度不行, 何以治国安民?

**【注释】**①衣不举领: 做事情要有章法, 讲规矩, 不可乱来; 另一层意思为做事情分清主次, 区别纲目, 抓住中心和关键。

**【译文】**拿衣服时不提领子, 势必把衣服拿倒。

走不视地者颠<sup>①</sup>。

**【注解】**注曰: 当下而上。

王氏曰: 举步先观其地, 为事先详其理。行走之时, 不看田地高低, 必然难行; 处事不料理上顺与不顺, 事之合与不合; 逞自恃之性而为, 必有差错之过。

**【注释】**①走不视地: 走路眼睛不看地, 而仰面望天, 如此没有不栽跟头的。此句劝人做事要脚踏实地, 早做谋划, 扎扎实实做人, 认认真真做事, 才能无往而不胜。

**【译文】** 走路不看地面的一定会跌倒。

柱弱者屋坏，辅弱者国倾。

**【注解】**注曰：才不胜任谓之弱。

王氏曰：屋无坚柱，房宇歪斜；朝无贤相，其国危亡。梁柱朽烂，房屋崩倒；贤臣疏远，家国倾乱。

**【译文】**房屋梁柱不坚固，屋子会倒塌；才力不足的人掌政，国家会倾覆。

足寒伤心，人怨伤国。

**【注解】**注曰：夫冲和之气，生于足，而流于四肢，而心为之君，气和则天君乐，气乖则天君伤矣。

王氏曰：寒食之灾皆起于下。若人足冷，必伤于心；心伤于寒，后有丧身之患。民为邦本，本固邦宁；百姓安乐，各居本业，国无危困之难。差役频繁，民失其所；人生怨离之心，必伤其国。

**【译文】**脚下受寒，心肺受损；民心怀恨，国家受伤。

山将崩者，下先隳<sup>①</sup>；国将衰者，民先弊。

**【注解】**注曰：自古及今，生齿富庶，人民康乐；而国衰者，未之有也。

王氏曰：山将崩倒，根不坚固；国将衰败，民必先弊，国随以亡。

**【注释】**①隳：毁坏；动摇。

**【译文】**大山将要崩塌，山脚下的地基会先毁坏；国家将要衰亡，人民先受损害。

## 根枯枝朽，民困国残。

**【注解】**注曰：长城之役兴，而秦国残矣！汴渠之役兴，而隋国残矣！

王氏曰：树荣枝茂，其根必深。民安家业，其国必正。土浅根烂，枝叶必枯。民役频繁，百姓生怨。种养失时，经营失利，不问收与不收，威势相逼征；要似如此行，必损百姓，定有雕残之患。

**【译文】**树根枯烂，枝条就会腐朽；人民困窘，国家就会残破。

## 与覆车同轨者倾，与亡国同事者灭。

**【注解】**注曰：汉武欲为秦皇之事，几至于倾；而能有终者，末年哀痛自悔也。桀纣以女色而亡，而幽王之褒姒同之。汉以阉宦亡，而唐之中尉同之。

王氏曰: 前车倾倒, 后车改辙; 若不择路而行, 亦有倾覆之患。如吴王夫差宠西施、子胥谏不听, 自刎于姑苏台下。子胥死后, 越王兴兵破了吴国, 自平吴之后, 迷于声色, 不治国事; 范蠡归湖, 文种见杀。越国无贤, 却被齐国所灭。与覆车同往, 与亡国同事, 必有倾覆之患。

**【译文】**与倾覆的车子走同一轨道的车, 也会倾覆; 与前代已经灭亡的国家做相同的事, 也会灭亡。

见已生者, 慎将生; 恶其迹者, 须避之。

**【注解】**注曰: 已生者, 见而去之也; 将生者, 慎而随之也。恶其迹者, 急履而恶迹, 不若废履而无行。妄动而恶知, 不若缊心而无动。

王氏曰: 圣德明君, 贤能之相, 治国有道, 天下安宁。昏乱之主, 不修王道, 便可寻思平日所行之事, 善恶诚恐败了家国, 速即宜先慎避。

**【译文】**见到已发生的败亡之事, 应警惕还将发生类似的事情; 厌恶其人的卑劣行迹, 就要早做预防, 趋吉避凶。

畏危者安, 畏亡者存。夫人之所行, 有道则吉, 无道则凶。吉者, 百福所归; 凶者, 百祸所攻; 非其神圣, 自然所钟。

【注解】注曰：有道者，非己求福，而福自归之；无道者，畏祸愈甚，而祸愈攻之。岂有神圣为之主宰？乃自然之理也。

王氏曰：得宠思辱，必无伤身之患；居安虑危，岂有累己之灾。恐家国危亡，重用忠良之士；疏远邪恶之徒，正法治乱，其国必存。行善者，无行于己；为恶者，必伤其身。正心修身，诚信养德，谓之有道，万事吉昌。心无善政，身行其恶；不近忠良，亲谗喜佞，谓之无道，必有凶危之患。为善从政，自然吉庆；为非行恶，必有危亡。祸福无门，人自所召；非为神圣所降，皆在人之善恶。

【译文】害怕危险，常能得安全；害怕灭亡，反而能生存。人的所作所为，符合行事之道则吉，不符合行事之道则凶。吉祥的人，各种各样的好处都到他那里；险恶的人，各种各样的恶运灾祸都向他袭来。这并不是什么奥妙的事，而是自然之理。

务善策者，无恶事；无远虑者，有近忧。

【注解】王氏曰：行善从政，必无恶事所侵；远虑深谋，岂有忧心之患。为善之人，肯行公正，不遭凶险之患。凡百事务思虑、远行，无恶亲近于身。

【译文】善于谋划的人，没有险恶的事发生；没有深谋远虑的人，眼前必将出现忧患。

### 同志相得，同仁相忧。

**【注解】**注曰：舜有八元、八凯，汤则伊尹，孔子则颜回是也。文王之闳、散，微子之父师、少师，周旦之召公，管仲之鲍叔也。

王氏曰：心意契合，然与共谋；志气相同，方能成名立事。如刘先主与关羽、张飞；心契相同，拒吴、敌魏，有定天下之心；汉灭三分，后为蜀川之主。君子未进贤相怀忧，谗佞当权，忠臣死谏。如卫灵公失政，其国昏乱，不纳蘧伯玉苦谏，听信弥子瑕谗言，伯玉退隐闲居。子瑕得宠于朝上大夫，史鱼见子瑕谗佞而不能退，知伯玉忠良而不能进。君不从其谏，事不行其政，气病归家，遗子有言："吾死之后，可将尸于偏舍，灵公若至，必问其故，你可拜奏其言。"灵公果至，问何故停尸于此？其子奏曰："先人遗言：见贤而不能进，如谗而不能退，何为人臣？生不能正其君，死不成其丧礼！"灵公闻言悔省，退子瑕，而用伯玉。此是同仁相忧，举善荐贤，匡君正国之道。

**【译文】**志向相同的人，自然情投意合；怀有同样仁德的君子，必定可以患难与共。

### 同恶相党。

**【注解】**注曰：商纣之臣亿万，盗跖之徒九千是也。

王氏曰：如汉献帝昏懦，十常侍弄权，闭塞上下，以奸邪为心腹，用凶恶为朋党。不用贤臣，谋害良相；天下凶荒，英雄并起。曹操奸雄董卓谋乱，后终败亡。此是同恶为党，昏乱家国，丧亡天下。

【译文】为非作歹的恶人，会勾结在一起结党营私。

## 同爱相求。

【注解】注曰：爱利，则聚敛之臣求之；爱武，则谈兵之士求之。爱勇，则乐伤之士求之；爱仙，则方术之士求之；爱符瑞，则矫诬之士求之。凡有爱者，皆情之偏、性之蔽也。

王氏曰：如燕王好贤，筑黄金台，招聚英豪，用乐毅保全其国；隋炀帝爱色，建摘星楼宠萧妃，而丧其身。上有所好，下必从之；信用忠良，国必有治；亲近谗佞，败国亡身。此是同爱相求，行善为恶，成败必然之道。

【译文】有相同爱好的人，自然互相访求。

## 同美相妒。

【注解】注曰：女则武后、韦庶人、萧良娣是也。男则赵高、李斯是也。

【译文】都是美人，或有同样才能的人，就会相互妒忌。

同智相谋。

**【注解】**注曰: 刘备、曹操、翟让、李密是也。

**【译文】**智谋权术相当的人会相互算计。

同贵相害。

**【注解】**注曰: 势相轧也。

王氏曰: 同居官位, 其掌朝纲, 心志不和, 递相谋害。

**【译文】**相同权势的人会相互排挤, 甚至相互残害。

同利相忌。

**【注解】**注曰: 害相刑也。

**【译文】**追逐相同利益的人, 就会相互疑忌。

同声相应, 同气相感。

**【注解】**注曰: 五行、五气、五声散于万物, 自然相感应。

**【译文】**有共同语言的人, 愿意彼此呼应; 旋律气韵相同的就会相互感应、产生共鸣。

同类相依，同义相亲，同难相济。

【注解】注曰：六国合纵而拒秦，诸葛通吴以敌魏。非有仁义存焉，特同难耳。

王氏曰：圣德明君，必用贤能良相；无道之主，亲近谄佞谗臣；楚平王无道，信听费无忌，家国危乱。唐太宗圣明，喜闻魏征直谏，国治民安，君臣相和，其国无危，上下同心，其邦必正。

强秦恃其威勇，而吞六国；六国合兵，以拒强秦；暴魏仗其奸雄，而并吴蜀，吴蜀同谋，以敌暴魏。此是同难相济，递互相应之道。

【译文】同一类人相互依存，信仰相同的人相互亲近，灾难相同的人相互帮助。

同道相成。

【注解】注曰：汉承秦后，海内凋敝，萧何以清静涵养之。何将亡，念诸将俱喜功好动，不足以知治道。时，曹参在齐，尝治盖公、黄老之术，不务生事，故引参以代相。

王氏曰：君臣一志行王道以安天下，上下同心施仁政以保其国。萧何相汉镇国，家给馈饷，使粮道不绝，汉之杰也。卧病将亡，汉帝亲至病所，问卿亡之后谁可为相？萧何曰：“诸将喜功好勋俱不可,惟曹参一人而可。"萧何死后,惠皇拜曹参为相,大治天下。此是同道相成,辅君行政之道。

【译文】志同道合的人相互成就。

## 同艺相窥,同巧相胜。

【注解】注曰:李锸之贼扁鹊,逢蒙之恶后羿是也。公输子九攻,墨子九拒是也。

王氏曰:同于艺业者,相观其好歹;共于巧工者,以争其高低。巧业相同,彼我不伏,以相争胜。

【译文】相同职业的人,往往会相互窥探学习,但又相互看不上;有同样技巧本事的人,往往会相互较量,一争高低。

## 此乃数之所得,不可与理违。

【注解】注曰:自"同志"下皆所行,所可预知。智者,知其如此,顺理则行之,逆理则违之。

王氏曰:齐家治国之理,纲常礼乐之道,可于贤明之前请问其礼;听问之后,常记于心,思虑而行。离道者非圣,违理者不贤。

【译文】以上这些都是自然而然的道理,凡人类有所举措,均应遵守这些规律,不可与理相抗。

### 释己而教人者逆，正己而化人者顺。

**【注解】**注曰：教者以言，化者以道。老子曰："法令滋彰，盗贼多有。"教之逆者也。"我无为，而民自化；我无欲，而民自朴。"化之顺者也。

王氏曰：心量不宽，见责人之小过；身不能修，不知己之非为，自己不能修政，教人行政，人心不伏，诚心养道，正己修德。然后可以教人为善，自然理顺事明，必能成名立事。

**【译文】**把自己放在一边，单纯去教育别人，别人就不接受他的大道理；如果严格要求自己，进而去感化别人，别人就会顺服。

### 逆者难从，顺者易行；难从则乱，易行则理。

**【注解】**注曰：天地之道，简易而已；圣人之道，简易而已。顺日月，而昼夜之；顺阴阳，而生杀之；顺山川，而高下之；此天地之简易也。顺夷狄而外之，顺中国而内之；顺君子而爵之，顺小人而役之；顺善恶而赏罚之。顺九土之宜，而赋敛之；顺人伦，而序之；此圣人之简易也。夫乌获非不力也，执牛之尾而使之却行，则终日不能步寻丈；及以环桑之枝贯其鼻，三尺之绳縻其颈，童子服之，风于大泽，无所不至者，盖其势顺也。

王氏曰：治国安民，理顺则易行；掌法从权，事逆则难就。

理事顺便，处事易行；法度相逆，不能成就。

【译文】违反常理，部属则难以顺从；合乎常理，则易于行事。部属难以顺从，则容易产生动乱；易于行事，则能得到畅通的治理。

**如此，理身、理家、理国可也。**

【注解】注曰：小大不同，其理则一。

王氏曰：详明时务得失，当隐则隐；体察事理逆顺，可行则行；理明得失，必知去就之道。数审成败，能识进退之机；从理为政，身无祸患。体学贤明，保终吉矣。

【译文】如果按照上面说的去做，无论是修身还是经营家族、事业，或者治理国家，都可以得心应手啦！

# 附录一：素书原文

## 原始章第一

夫道、德、仁、义、礼，五者一体也。

道者，人之所蹈，使万物不知其所由。

德者，人之所得，使万物各得其所欲。

仁者，人之所亲，有慈惠恻隐之心，以遂其生成。(生成一作：生存)

义者，人之所宜，赏善罚恶，以立功立事。

礼者，人之所履，夙兴夜寐，以成人伦之序。

夫欲为人之本，不可无一焉。

贤人君子，明于盛衰之道，通乎成败之数；审乎治乱之势，达乎去就之理。故潜居抱道，以待其时。

若时至而行，则能极人臣之位；得机而动，则能成绝代之功。如其不遇，没身而已。

是以其道足高，而名重于后代。

## 正道章第二

德足以怀远，信足以一异，义足以得众，才足以鉴古，明足以照下，此人之俊也。

行足以为仪表，智足以决嫌疑，信可以使守约，廉可以使分财，此人之豪也。

守职而不废，处义而不回，见嫌而不苟免，见利而不苟得，此人之杰也。

## 求人之志章第三

绝嗜禁欲，所以除累。抑非损恶，所以禳过。

贬酒阙色，所以无污。

避嫌远疑，所以不误。

博学切问，所以广知。高行微言，所以修身。

恭俭谦约，所以自守。深计远虑，所以不穷。

亲仁友直，所以扶颠。

近恕笃行，所以接人。

任材使能，所以济物。殚恶斥谗，所以止乱。（殚恶 一作：瘅恶）

推古验今，所以不惑。先揆后度，所以应卒。

设变致权，所以解结。

括囊顺会，所以无咎。

橛橛梗梗，所以立功。孜孜淑淑，所以保终。

## 本德宗道章第四

夫志心笃行之术。

长莫长于博谋，安莫安于忍辱，先莫先于修德，乐莫乐于好善，神莫神于至诚，明莫明于体物，吉莫吉于知足，苦莫苦于多愿，悲莫悲于精散，病莫病于无常，短莫短于苟得，幽莫幽于贪鄙，孤莫孤于自恃，危莫危于任疑，败莫败于多私。

## 遵义章第五

以明示下者暗，有过不知者蔽，迷而不返者惑，

以言取怨者祸，令与心乖者废，后令缪前者毁，

怒而无威者犯，好众辱人者殃，戮辱所任者危，

慢其所敬者凶，貌合心离者孤，亲谗远忠者亡，

近色远贤者昏，女谒公行者乱，私人以官者浮，

凌下取胜者侵，名不胜实者耗。

略己而责人者不治，自厚而薄人者弃废。

以过弃功者损，群下外异者沦，既用不任者疏，

行赏吝色者沮，多许少与者怨，既迎而拒者乖。

薄施厚望者不报，贵而忘贱者不久。

念旧恶而弃新功者凶，用人不得正者殆，强用人者不

畜，

为人择官者乱，失其所强者弱，决策于不仁者险，

阴计外泄者败，厚敛薄施者凋。

战士贫，游士富者衰；货赂公行者昧；

闻善忽略，记过不忘者暴；所任不可信，所信不可任者

浊。

牧人以德者集，绳人以刑者散。

小功不赏，则大功不立；小怨不赦，则大怨必生。

赏不服人，罚不甘心者叛。赏及无功，罚及无罪者酷。

听谗而美，闻谏而仇者亡。

能有其有者安，贪人之有者残。


## 安礼章第六


怨在不舍小过，患在不预定谋。福在积善，祸在积恶。

饥在贱农，寒在堕织。安在得人，危在失士。

富在迎来，贫在弃时。上无常躁（一作操），下多疑心。

轻上生罪，侮下无亲。近臣不重，远臣轻之。

自疑不信人，自信不疑人。枉士无正友，曲上无直下。

危国无贤人，乱政无善人。爱人深者求贤急，乐得贤者养人厚。

国将霸者士皆归，邦将亡者贤先避。

地薄者大物不产，水浅者大鱼不游，树秃者大禽不栖，林疏者大兽不居。

山峭者崩，泽满者溢。弃玉取石者盲，羊质虎皮者辱。

衣不举领者倒，走不视地者颠。

柱弱者屋坏，辅弱者国倾。

足寒伤心，人怨伤国。

山将崩者下先隳，国将衰者人先弊。

根枯枝朽，民困国残。

与覆车同轨者倾，与亡国同事者灭。

见已生者慎将生，恶其迹者须避之。

畏危者安，畏亡者存。

夫人之所行，有道则吉，无道则凶。

吉者，百福所归；凶者，百祸所攻。

非其神圣，自然所钟。

务善策者无恶事，无远虑者有近忧。

同志相得，同仁相忧，同恶相党，同爱相求，同美相妒，同智相谋，同贵相害，同利相忌，同声相应，同气相感，同类相依，同义相亲，同难相济，同道相成，同艺相窥（一作规），同巧相胜。此乃数之所得，不可与理违。

释己而教人者逆，正己而化人者顺。

逆者难从，顺者易行，难从则乱，易行则理。

如此理身、理家、理国，可也。

# 附录二：黄石公传

(明)慎懋赏 撰

黄石公者，吾不知其何如人，亦不知其所自始，但闻秦始皇时，大下方清夷①无事，群黎②束手听命，斩木揭竿之变未纤尘萌也，韩国复仇男子张良，策壮士阴袭之，万夫在护不支，大索十日不得，其目中已无秦，谓旦夕枭③政首挂太白而快也。

【注释】①清夷：清净恬淡。

②群黎：万民；百姓。

③枭：古代刑罚，把头割下来悬挂在木上。

【译文】黄石公这个人，我不知道他是谁，来自哪里。只是听说在秦始皇的时候，天下刚刚平定，老百姓都俯首听命，揭竿而起的造反之事还没有丝毫的征兆。有一位韩国男子名叫张良，誓报秦灭韩的大仇，于是策划了一次袭击秦始皇的行动，但因为秦始皇的侍卫太多，刺杀没有成功。秦始皇的手下大肆搜捕张良，用了十天都没有找到他。此时的张良眼里已无秦朝，一心要将秦始皇的头割下来挂在太白旗上而后快。

　　游下邳<sup>①</sup>圮上，徘徊四顾，凌轹<sup>②</sup>宇宙，即英雄豪杰孰有如秦皇帝者，秦皇帝不畏而畏人耶？俄尔，一老父至良所，堕履圮下，顾谓良曰："孺子下取履。"良愕然，为其老，强忍下取履，跪进。老父以足受之，良大惊。老父去里许，还曰："孺子可教矣。后五日平明与我期此。"良怪之，曰："诺。"

　　【注释】①下邳：即今天江苏省睢宁县古邳镇，下邳别称邳国、下邳郡。战国时期，齐威王封邹忌当下邳的成侯，开始称该地为"下邳"。
　　②凌轹：欺压；压倒。
　　【译文】张良浪迹到下邳的一座桥上，他徘徊四顾，豪气油然而生，天底下的英雄豪杰有超过秦始皇的吗？我连秦始皇都不怕，还会怕谁呢？此刻，有一老者来到桥上，故意将鞋丢到了桥下，回头看向张良说："小子，把鞋给我取回来。"张良感到很吃惊，但考虑他是位老人，强忍着不快将鞋取回，又跪着递给老人，可老人却伸出脚让张良给他穿上，让张良更感吃惊。老人走了一里多地，又折了回来对张良说："这小子还是可以教诲的。五天以后的清晨在这里等我。"张良感到奇怪，说："好。"

　　五日平明往，老父已先在，怒曰："与老人期，后，何也？

去，后五日早会。"良鸡鸣而往，老父又先在，复怒曰："后，何也? 去，后五日复早来。"良乃夜半往。有顷，老人来，喜曰："孺子当如此。"乃出一编曰："读是则为王者师，后十三年，子求我与济北谷城山<sup>①</sup>下。"遂去，不复见。

**【注释】**①谷城山：位于河南省南阳市方城县独树镇，又名方城山、北武当山，俗称小顶山。相传道教仙翁黄石公在此传兵书与张良，故又称黄石山。

**【译文】**第五天清晨，张良前往桥上，但老人已在那里等候。老人非常生气说："与老人约会而来迟，这是什么道理? 你且回去，五天后你早点来。"到了那一天，张良鸡鸣时就去了，可老人又已经先到了。又很生气地说："又比我来得晚，怎么回事? 走吧，五天后再早点来。"五天后，张良半夜就到了那里，过了一会儿，老人也到了，见到张良高兴地说："年轻人就应该如此。"说罢递给张良一卷书说："读了它可以作帝王的老师。十三年以后，你到济北的谷城山下来见我。"说完就走了，张良再也没有见过他。

且视其书，乃《太公兵法》。良奇之，因诵习以说他人，皆不能用。以说沛公，辄有功。由是解鸿门厄，销六国印，击疲楚，都长安，有以天下。其自为谋，则起布衣、复韩仇、为帝师，且当其身免诛夷诏狱之惨。

**【译文】**等天亮后张良读此书才发现，是《太公兵法》（其实是

《素书》），内容精妙，确实是部奇书。张良反复诵读研习，自认为
已精通了此书，于是就去游说他人，没想到别人都不用他。后来又
游说刘邦，终于成功了。由此开始，他帮助刘邦解脱鸿门宴之困，说
服刘邦销毁了准备分封六国的王印，打败了西楚霸王，定都长安，
建立起大汉王朝。运用本书的智慧，他为自己谋划，以布衣被刘邦
起用，推翻了秦王朝报了韩国的大仇，当上了皇帝的老师，而且还使
自己避免了像韩信等人那样被诛杀的惨剧。

　　后十三年，过谷城山，无所见，乃取道旁黄石葆而祠
之，及良死，并藏焉，示不忘故也，故曰"黄石公"。

　　**【译文】**十三年以后，张良来到谷城山，却没有见到这位老者。
于是，取了道路旁边的一块黄石，拿回家供奉起来。等到张良死
的时候，家人将此石及《素书》与他一同埋藏，以表示没有忘记故
人。后人就将这位老人称为"黄石公"。

　　呜呼！良之所遇奇矣！或曰："老人，神也！"愚则曰：
"此老氏者流，假手与人，以快其诛秦灭项之志而已，安享
其逸者也。"聃之言曰："善摄生者无死地 。"又曰："代司
杀者，是谓大匠斫，夫代大匠斫，希有不伤手矣。"此固巧于
避斩杀，而善于掠荣名者，是以知其非神人也。

　　**【译文】**张良真是有奇遇啊！有的人说："这位老人是神仙。"

而我却认为，这位老人其实就是老子一类的人物，他不过是假手于人，以实现自己推翻秦王朝、诛灭项羽的目的而已，而自己却躲到后面，逍遥安逸。老子曾说："善于保护自己的人，永远不涉险地。"他又说："凡代替天道去杀人者，就像是木匠砍大木，如此很少有不伤到自己手的。"这位老人的做法，就是善巧避开杀身之祸殃，而又能从中获得荣誉和名声之举了。以此来看，他并不是神仙。

苏轼之言曰："张良出荆轲①、聂政②之计，以侥幸于不死，老人深惜之，故出而教之。"夫爱赤子者，为之避险绝危。老人之于张良，尝试之秦、项戈矛之中，而肩迹于韩、彭杀戮之际，如是而谓之爱也奚可哉？

【注释】①荆轲：姜姓，庆氏。战国末期卫国朝歌人，战国时期著名刺客，也称庆卿、荆卿、庆轲。喜好读书击剑，为人慷慨侠义。后游历到燕国，随之由田光推荐给太子丹。

②聂政：战国时侠客，韩国轵（今河南省济源市东南）人，以任侠著称，为春秋战国四大刺客之一。

【译文】宋代苏轼曾这样解释说："张良无奈之下做出了与荆轲、聂政一样行刺的事情，但侥幸没有死，老人很为他惋惜，所以才出面教导他。"但我以为，真正爱护后辈的，是让他们避开任何凶险。而这位老人却教育张良冲入秦朝、项羽的戈矛之中，在韩信或者彭越的杀阵中猎取功名，这怎么能说是爱护呢？

# 附录三：素书原评

(宋)张商英 辑


按《黄石公三略》三卷、《兵书》三卷、《三奇法》一卷、《阴谋军秘》一卷、《五垒图》一卷、《内记敌法》一卷、《秘经》一卷、《张良经》一卷、《素书》六编。

《前汉列传》黄石公圯上所授《素书》，以《三略》为是，盖传闻之误也。

晋乱，盗发子房冢，于玉枕中获此《书》，凡一千三百言，上有秘戒云。

（出自善本《汉魏丛书》微卷编号一五二八六。三五之《黄石公素书》）

# 附录四：四库全书·素书提要

《素书》一帙，盖秦隐士黄石公之所传，汉留侯子房之所受者。词简意深，未易测识，宋臣张商英叙之详矣，乃谓为不传之秘书。呜呼！凡一言之善，一行之长，尚可以垂范于人而不能秘，是书黄石公秘焉。得子房而后传之，子房独知而能用，宝而殉葬；然犹在人间，亦岂得而秘之耶！

予承乏常德府事政，暇取而披阅之。味其言率，明而不晦；切而不迁，淡而不僻；多中事机之会，有益人世。是又不可概以游说之学、纵横之术例之也。但旧板刊行已久，字多模糊，用是捐俸余翻刻，以广其传，与四方君子共之。

弘治戊午岁夏四月初吉蒲阴张官识。

（出自《钦定四库全书》）

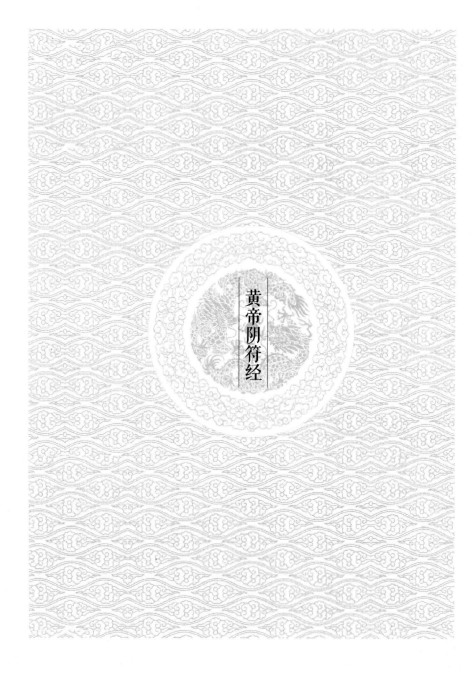

黄帝阴符经

# 上 篇

观天之道①，执天之行②，尽矣③！

【注释】①观天之道：观，推测而精察之。

②执天之行：执，持握。行，天道的运转。

③尽矣：尽，毕，完备。

【译文】体察先天无思无为的运行之道，握持天道运行的法则，那么，天之体用在我，无所不包了。

【解读】这一句说的是人应该取法自然，向天地学习。老子曰："人法地，地法天，天法道，道法自然。"中国古代的圣人，对宇宙人生有着非常深刻的认识，因此而提出了天人合一的思想。这一点，在《阴符经》中同样得到了体现。实际上，天道即人道，宋代陆九渊说："吾心便是宇宙，宇宙即是吾心"，人能效法天道，就能回归本性，这也就是先儒为何要说"去人欲，存天理"。要知道，天是一个大宇宙，人是一个小宇宙，人和天其实完全是一体的，现代的"全息理论"可以说是一个最为形象的说明。

故天有五贼①，见之者昌②。

**【注释】**①故天有五贼：贼，害也。五贼，即五行。五行循环相生，又互相克贼，绝而复生，其用在克。

②见之者昌：见，觉察，发现。昌，昌盛。

**【译文】**因此，五行相生相克，能灼见其理者，功业必定昌盛。

**【解读】**"五贼"，有人解释为五行，有人解释为五德。实际上，这是天地运行的自然规律，也是我们人体运行的自然规律。自然界的五行金木水火土，体现在人的身上就是仁义理智信五德，在身体则为心肝脾肺肾，在音则为宫商角徵羽，在国则为士(学)、农、工、商、官，在佛家五戒就是杀盗淫妄酒。有人曾作五行生克表，可为参考。

五贼在心，施行于天①，宇宙在乎手②，万化生乎身③。

**【注释】**①五贼在心，施行于天：在心，知之明，藏之固，与心为一。施行，裁成辅相之法。天，天下之简称。

②宇宙在乎手：四方上下谓之宇，往古来今谓之宙。手：如在掌中。

③万化生乎身：万化，无穷变化。

**【译文】**五行顺逆的生杀之机，知之明，藏之固，与心合一，以之裁成辅相天下，则能运古今四方于掌中，抚育万物于一身。

**【解读】**心就是我们的心念，我们的心能够生万法，念头一动就会周遍法界。真心本来没有正邪善恶之分，但是，我们念头一动，就会产生真与妄，善与恶，正与邪来。"五贼在心"为正，就是和仁义礼智信相应，现出善境界，"五贼在心"为邪，则和杀盗淫妄酒相应，现出不善的境界。我们所处的世界，就是我们内心的反映。因此，佛教说："心平则天下平，心安则众生安"，若能让我们的心念念念与天道相应，自然就能够掌握宇宙和世界万物。

天性，人也<sup>①</sup>；人心，机也<sup>②</sup>。立天之道，以定人也。

【注释】①天性，人也：天性，天理；先天心，清净无染。人，人禀天地之理、气而生，是天地的缩影。

②人心，机也：人心，人心指后天之心，有思有虑，杂于情欲。机，发端。

【译文】人是天所生，天性寄寓人性之中；人心未动时，全无所见，一有感触，心的作用即此发端。心机发动，利害嗜欲扰乱本心，方发端时的一念最紧要。人与天本一气所生，本无二体，通乎天道，守之勿失，乃所以全乎人之所以为人，而安固不摇。

【解读】人秉天地之气而生，自然有天之性。所以说"天性，人也"。实际上天性和人性，乃至万物之性都是一个，完全无二无别，因为整个宇宙皆为一体。"人心，机也"，天心是先天无为的，然而人心是有为的。因此，就有净有染、有善有恶，所以说"机也"，"机"就是发端，也就是要注意我们的起心动念，念念顺应天心，则人心定也。所以说："立天之道，以定人也"。

天发杀机，移星易宿①；地发杀机，龙蛇起陆②；人发杀机，天地反覆③。

**【注释】**①天发杀机，移星易宿：天，指苍穹中的天体如日、月、星等。发，异变。机，事物变化的原因。杀机，这里指天体在运行中受万有引力影响而局部失去平衡，造成能量交替和物质扩散，如星爆、流星、殒石、太阳黑子等出现在天空中和日球周围的景象。移星易宿，（按："移星易宿"、"地发杀机"这八个字，底本无。兹据唐初褚遂良奉手写的《阴符经》影印帖本、道藏本《黄帝阴符经注解》增补。）指苍穹中某些星球运行紊乱失序，从而一反其常位。

②地发杀机，龙蛇起陆：地，指地壳表面的大地。如高山、平原、海洋等。杀机，指地球运动过程中，由于板块发生碰撞，造成地震、海啸、火山爆发。龙蛇，泛指动物及贤与不肖的人。陆，这里泛指陆地、神州大地。

③人发杀机，天地反覆：人，指争夺统治权的人。天地反覆，指翻天覆地的大变化。

**【译文】**机不独在人，天地皆有。而机之中，又有杀机存在。天的杀机发动时，星宿就会紊乱，一反其常位；地的杀机发动时，伏处在窟穴里的龙蛇就要飞腾蜕化；人的杀机发动时，就会有人想建功立业，旋转乾坤，宇宙也为之震荡。

**【解读】**"天发杀机，移星易宿"，说的是宇宙世界的变化，也就是佛法里讲的世界的成住坏空。"地发杀机，龙蛇起陆"说的是地球的变化，我们生活的地球，和人一样，也是有寿命的，乃至山河大地，植物矿物都是如此。"人发杀机，天地反覆"，现代科学证明，人的心念会对物质的分子机构产生影响。日本科学家江本胜著名的"水结晶实验"就证明了水能够看、能够听，有见闻觉知之性。其实，一切事物都有见闻觉知。所以，我们人的心念会对这个世界产生影响。《老子》说："大军之后，必有凶年。"可为此句作注。

## 天人合发，万变定基①。

**【注释】**①天人合发，万变定基：天，天发杀机。人，人发杀机。万变，指天下大乱，八方不宁。定基，指经大动荡之后，否极泰来，乱极必治，奠定新的治理开端。

**【译文】**天之杀机与人之杀机同时并发，造成天下大乱，八方不宁的形势，然而乱极必治，经此变革，万事万物将各复其初，从而奠定新的根基。

**【解读】**人心顺于天心，人心依照天时而动，可谓"天人合发"，历史上成汤伐夏桀、武王伐商纣之时，皆是"天人合发"之时，此乃天地人事之循环，经此变革，因而万变定基。

## 性有巧拙①，可以伏藏②。

**【注释】**①性有巧拙：性，资质，禀赋。巧，心思灵巧。拙，愚拙。
②可以伏藏：伏，埋伏，潜伏起来。藏，隐藏，藏于深处。伏藏，《老子》："光而不耀"，"大智若愚，大巧若拙。"

【译文】人的资质禀赋不同，有的机智巧妙，有的愚拙。要想全身远害，静养天真，应该藏巧养拙，待时而动。

【解读】性有天性、习性。天性是圆满的，纯善无恶。就是孟子说的性善。此善非善恶之善，乃是一切圆满具足之意。"性有巧拙"所说的是习性。习性是可善可恶的。《三字经》说，"性相近，习相远"，"近朱则赤，近墨则黑"，告子说的性"可东可西"，正是指的习性。"可以伏藏"，就是让我们克制。也就是《尚书》里说的"克念作圣"，达到圣人的境界，则无论巧拙，皆是圆满。

## 九窍①之邪，在乎三要②，可以动静③。

【注释】①九窍：据《素问·生气通天论》："耳、目、鼻、口七窍合前阴（尿道口）后阴（肛门）总称为九窍"。

②三要：指耳、目、口。

③可以动静：耳、目、口三者放荡无羁，足以使心神躁动不安；三者恬淡自然，心神自然清静。

【译文】人身所遭遇的邪恶、灾祸都是由九窍所招，耳、目、口三处又是九窍的要害所在。三者妄动则感召邪气，三者镇定则清平安适。

【解读】《老子》说："五色令人目盲，五音令人耳聋，五味令人口爽"正是令人警惕此三要。孔子则诫以"四勿"，非礼勿视，非礼勿听，非礼勿言，非礼勿动，也是警惕此三要。一个人能够管住眼睛、耳朵、嘴巴，自然远离灾祸，何有九窍之邪呢？然而，凡夫就是管不住自己的眼睛、耳朵、嘴巴，而导致烦恼丛生，灾祸连连。

火生于木，祸发必克；奸生于国，时动必溃①。知之修炼，谓之圣人②。

**【注释】**①奸生于国，时动必溃：奸，权奸。国，这里指国家政权的内部。溃，破散，败亡。

②知之修炼，谓之圣人：修炼，指帝王将相明白前述道理，就要知道如何治理国家，如何治理军队。

**【译文】**火潜藏在木中，木质湿潮时，见不到，等到木质干燥，火性失去控制，就一定会祸起木焚；权奸滋生在国家内部，当他们没有暴露时，没有人会注意到他们，当国运危机时，他们就制造动乱，败亡国家。如果能洞察到这种必然性，在对方机心未动之前，以智谋防范，以法令制止，这样的人称为圣哲。

**【解读】**一切法都是因缘所生。佛教里有一部《老女人经》讲到，有一个贫穷女人，到佛陀之所，请教佛陀："生从何所来，去至何所？老从何所来，去至何所？病从何所来，去至何所？死从何所来，去至何所？"佛陀云："无所从来，去亦无所至，诸法皆如是。"。佛陀举了一个例子，比如两块木头摩擦会生起火花，然后火会燃烧木头，木头燃烧干净时，火也灭了。火从何而来，又从何而去呢？一切法，因缘条件成熟时则会生，因缘条件没有了则会灭。圣人明白这个真相，因此不着一切虚妄境界，能达本真。

# 中 篇

天生天杀，道之理也①。

【注释】①天生天杀，道之理也：天生，万物皆天所生，故曰天生。其死亦天之所为，故曰天杀。生之杀之，故曰道。生必有杀，杀必复生，乃自然之事，故曰道之理。

【译文】天地无心，阴阳二气交感，屈伸盈虚，五行之气，随时应令，得时得理，则长生旺相。失时失理，则肃杀休囚。这都是自然法则，至公至平，非天地有心为之。

【解读】天道运行，天生天杀，是自然的法则。天之生杀，由阴阳二气的运行而形成。春夏为阳，秋冬为阴，万物春生夏长，秋收冬藏，自然循环如此。人道也应效法此道，故早在周朝，就以"六官"为制，设天、地、春、夏、秋、冬六官，皆是效法之理也。传统中医养生，也都遵循此道。

天地，万物之盗①；万物，人之盗；人，万物之盗。三盗既宜，三才既安②。

**【注释】**①天地，万物之盗：盗，摄取精华；摧残。

②三盗既宜，三才既安：既，尽。三才，指天地人，才亦作材。《易·系辞下》："有天道焉，有人道焉，有地道焉，兼三材而用之。"

**【译文】**天地养育万物，吸取万物精华，却又摧残万物，所以天地是万物之盗；万物给人嗜欲，吸取人之精华，却又劫掠人类，所以万物是人之盗；人们培育万物，吸取万物精华以为生存，却又劫掠万物而使其毁灭，所以人是万物之盗。只要天地、万物、人类都能各得其宜，那么天地人就会各趋于安定的正常状态。


## 故曰：食其时，百骸①理；动其机，万化安②。


**【注释】**①百骸：引用古语来引证上文。骸，小腿骨，引申为身体。百骸，百体。

②机：这里指时机。万化，万事万物。

**【译文】**所以说：饮食起居，适时有节，人就会精神和粹，百病不生；动作合机，就会事理有序，万物康宁。

**【解读】**"食其时，百骸理"，食不仅是饮食，包括人的一切的举动，都要和天时相应。《周易》里说："后天而奉天时"，正是此义。这是说人要适时机而动。天地有春夏秋冬，人有少壮衰老，人生各个阶段，都当行所当尽的责任和义务。一生、一年、一天，都有春夏秋冬，皆当顺天时而为，故古人有云，"一年之计在于春，一日之计在于寅。"都是教人要"食其时"也。

人知其神之神，不知不神之所以神也①。

**【注释】**①人知其神之神，不知不神之所以神也：其神之神，前一神字指功效而言，后一神字指神妙。不神之神，前一神字指致神之术，后一神字指莫测高深。

**【译文】**天下人只看到了体道者功效的神妙，却不知道他达到神妙之境的原理！（全在于知道三盗生杀的道理，处置得宜，故无往而不安。）

**【解读】**"神"与"不神"，皆是一，"一"者，道也。"神"在"不神"之中，故"不神"亦是"神"也。当反复玩味。

日月有数①，大小有定②，圣功生焉，神明出焉。

**【注释】**①日月有数：日，指每年的日数，也指每月的日数。月，指每一年的月数。有数，指太阳公转一周为365天4分1秒；太阴依时序每年12个月，月大30天，月小29天（闰年例外）。这是按夏历确定的。

②大小有定：大，指大余。小，指小余。有定，指大余、小余的有或无，都要按周天365度4分度之1秒……计算。我国历法在清末以前称"阴阳合历"，历年取回归年（365.2425日），历月取朔望月（29.5306日），多出的叫大余，次多出的叫小余。把多出的日数积累起来如够29日或30日，就给予闰月。一年之中，哪个月大，哪个月小，有没有闰月，都有定数，这就是大小有定。这是通过观察星宿位移的度数推算出来的。把推算结果使每年的节气符合实际气候状况，以利于农业生产和选择作战时机。

**【译文】**每年的日数、月数都有定数，每年是平年闰年、每月是大是小，都有定时。圣人度其时令之数、量其事物之大小，动不违时，而事功易立，更神而明之，智无不周！

【解读】天地有日月，人身也有日月。《周易》云："夫大人者，与天地合其德，与日月合其明，与四时合其序，与鬼神合其吉凶。"大人即是圣人，大人一切行为都能够合天地之数，所以能够"圣功生"、"神明出"。

其盗机①也，天下莫能见，莫能知。君子得之固躬②，小人得之轻命③。

【注释】①盗机：盗机，将动未动之间，即《老子》所说的"微明"。
②君子得之固躬：君子，指乐天知命的人。躬，身。固躬，保身。
③小人得之轻命：小人，恃才妄作的人。轻命，丧命。

【译文】三盗之用，皆在将动未动之间，当此行迹未露之时，常人对此如盲如聋。机不易知，求知者各有其人。君子修身俟命，待时而动，即明哲保身之术；小人恃才妄作，违时而逞，则足以丧其身。

【解读】这里的"机"和《周易》里的"几"是一义。《周易》里说："知几其神乎"，又说："几者，动之微，吉之先见者也。"机是难见的。凡人常说："机不可失，时不再来。"然而，能够看懂时机的人很少，能够抓住时机的人则更少了。所以这里说："天下莫能见，莫能知"。然而，此于圣人而言，则可知可见，凡夫若能克念作圣，则能知机。

# 下 篇

瞽者善听，聋者善视。绝利一源，用师十倍<sup>①</sup>；三反昼夜，用师万倍<sup>②</sup>。

**【注释】**①绝利一源，用师十倍：绝，断绝。利，指牵引神心的声色名利。源，途径。师，战力，战斗指数。

②三反昼夜，用师万倍：三反，指眼耳口的反观收摄，再三反复。昼夜，长期不间断。

**【译文】**盲者将视觉的精神集中了起来，因此听觉灵敏；聋者将听觉的精神集中了起来，以此视觉雪亮。若能断绝利欲的一个途径，收摄精神，精诚专注，则战力是平时的十倍；若能思之再思，再三反复，毫不间断，达到专纯之至，则是平时的万倍。

**【解读】** 正常人非瞽者、非聋者。但是，在做一件事情时，若能精进用功，做到听而不闻，视而不见，心无旁骛，则事易成，功易就。凡学问、事业，若能一门深入、长时薰修，则易成功，若三心二意，则功业难成。

心生于物, 死于物<sup>①</sup>, 机在目<sup>②</sup>。

**【注释】**①心生于物, 死于物: 物, 外物。

②机在于目: 机, 指事物变化的枢纽。

**【译文】**（天下无物, 则人无所用其心。）心必因物而起, 欲望发动, 情感起伏, 事情繁杂, 导致心神疲惫, 心又会因物而死。物与心相交接, 必须要通过眼目这个媒介, 因此眼目最为关键。

**【解读】**佛教讲"六根", 眼根、耳根、鼻根、舌根、身根、意根, 将眼根列为第一。孔子讲"四勿", 将"非礼勿视"列为第一。此地说的"机在目", 可见圣人所见尽同。


天之无恩而大恩生, 迅雷烈风, 莫不蠢然<sup>①</sup>。

**【注释】**①迅雷烈风, 莫不蠢然: 迅雷, 突然而迅速的雷声。烈风, 暴风。蠢, 虫动。

**【译文】**天之生物, 听其自然生长, 未尝有意加恩。可是万物没有不依赖天德生长发育的, 因此又有大恩。春天迅雷暴风, 是天地间阳气所发, 振荡奋激, 都不是有意为之, 万物因此恐惧动摇, 萌发生长之机, 蠢然而动。恰好说明大恩生于无恩之中。

**【解读】**《老子》云："天地不仁, 以万物为刍狗; 圣人不仁, 以百姓为刍狗。天地之间, 其犹橐籥乎? 虚而不屈, 动而愈出。"其义一也。

至乐性余，至静性廉①。

【注释】①至乐性余，至静性廉：性余，自在宽余。廉，廉洁。

【译文】一物有一物之性。凡至乐之人，其性必宽裕优容；至静之人，其性必缜密峻洁。这是自然的情形，不容勉强。

【解读】此一句各家注解说法不一。"性余""性廉"，性是一个性，余、廉皆性所现相也，其体一也。

天之至私，用之至公①。

【注释】①用之至公：至公，大公无私。

【译文】天对于万物，栽培倾覆，万物各遂其性，天成其私。然而栽培倾覆的根源，都是万物自身所召感，天不过因材而笃，虽成天之私，却是以世间最大公无私之法行之。

【解读】"至私"即是"至公"，如老子《道德经》言天地、圣人所云："以其无私，故能成其私。"演化为现代俗语即是："最大的自私是无私"，正是此义。

禽①之制②在气。

【注释】①禽：通"擒"；统率。
②制：裁制。

【译文】其统御制胜之法，只是一气的旋转流行。

【解读】万物皆禀气而生，所以说"禽之制在气"。若于人而言，则在一念，盖大千世界，皆在吾人一念而现。

### 生者死之根，死者生之根①。恩生于害，害生于恩②。

【注释】①生者死之根，死者生之根：根，开始。

②恩生于害，害生于恩：恩，恩惠。害，祸患。

【译文】万物有生就有死，出生就是死亡的开始；死必有生，死又是生的开始。人和人的交往，有恩必有害，有害必有恩，没有一成不变的，这是情势的必然现象。

【解读】《周易》云："原始反终，故知死生之说"。生即死，死即生，不过是形式之变化而已。佛家讲生死轮回，当知死不过是下一段生命的开始而已。恩是害的根源，害是恩的根源。此和佛在《孝经钞》中所言"四自坏"有异曲同工之妙。（《孝经钞》云："天下有四自坏：树繁花果，还折其枝；虺蛇含毒，反贼其躯；辅相不贤，害及国家；人为不善，死入地狱。"）

### 愚人以天地文理圣①，我以时物文理哲②。

【注释】①愚人以天地文理圣：愚人，拘泥一隅，不通权达变的人。天文，日、月、星、辰、风、云、雷、雨等天文现象。地文，河、海、山、川、金、石、草、木等地表现象。圣，通达事理的人。

②我以时物文理哲：时物文理，社会现象。君王有道，官员尽忠，民风

淳厚，恭俭退让，政通人和，这是时物文理之顺；君王无道，官员腐败，愚顽作怪，盗贼四起，这是时物文理之逆。哲：贤明、有智慧的人。

**【译文】** 世上的愚人以为知道天地文理的人，就一定是圣人；我以为天地之文理不可得而见，天地运行的时物，显然可见，能够通晓的人，就是哲人。

**【解读】** 愚人只是观其表象而已，不知天地之机。圣人能知天地之机，故能："观乎天文，以察时变；观乎人文，以化成天下。"

人以愚虞圣，我以不愚虞圣<sup>①</sup>；人以奇期圣，我以不奇期圣<sup>②</sup>。

**【注释】** ①人以愚虞圣，我以不愚虞圣：人，世俗之人。愚，暗钝。虞，测度，揣测。

②人以奇期圣，我以不奇期圣：奇，奇异；奇特。期，期待；期望。

**【译文】** 天下之人，各逞其私，毫无正见，要么以为圣人迂阔固执，不免于愚；或以为圣人神化机巧，不免于奇。我以为圣人能体察天地，成就万物，不愚也不奇。

**【解读】** 圣贤之心，实不可测度也。只有圣人能知圣人，常人则不能知圣。如同佛见一切众生都是佛，凡夫即使见到佛，也把佛视为凡夫。因为佛与圣人皆无妄心，常人与凡夫，所用皆为妄心。

故曰：沉水入火，自取灭亡<sup>①</sup>。

【注释】①沉水入火，自取灭亡：沉，沉溺。沉水，指沉溺于水中必陷入淹死的绝境。入火，指投入于火中必遭受烧死的绝境。

【译文】所以说：（世人非愚即奇，自恃其知，循利纵欲，以为是谋生的良方，实则是丧身的祸根。）就像自投于水火之中一样，灭亡是必然的。

【解读】人不能行圣人之道，则如自沉于水，自投于火，自杀其身也。

## 自然之道静①，故天地万物生。

【注释】①自然之道静，故天地万物生：静，道之为体，渊然莫测，寂然不动，至静而无为。

【译文】（万物为天地所生，而天地又为道所生。）即所谓自然之道，其道体寂然不动，至静而无为，惟其至静，所以无所不包，而凡属有形有气者，皆从此出。

【解读】"自然之道静"，就是自性本自清净。《六祖坛经》云："何其自性，本自清净"。此乃《易》阳爻"一"之象。

## 天地之道浸，故阴阳胜①。

【注释】①天地之道浸，故阴阳胜：天地之道，以自然之道为道。《老子》："地法天，天法道，道法自然。"浸，渐进；即渗透，逐渐渗入。阴阳，本指日光的向背，向日为阳，背日为阴。胜，消长。

【译文】生成天地以后，道即寓于天地，运行在天地之间的，不过是阴阳二气而已。阴阳二气，迭为消长而成岁功。其消长之法，由微至著，渐次增长，至极盛而后向衰，由衰而再转盛。

【解读】"自然之道静"为体，"天地之道浸"为用。《六祖坛经》云："何其自性，能生万法"。万法不离阴阳。此乃《易》阴爻"- -"之象。

## 阴阳相推，而变化顺矣①。

【注释】①阴阳相推，而变化顺矣：推，推移，变化、按顺序更换。阴阳相推，阴极阳生，阳极阴生，无穷不止。

【译文】阴极阳生，阳极阴生，阴阳交感变化推移，四时成序，万物生成，千变万化，无不顺理成章。

【解读】阴阳变化而成八卦，八卦相叠，而成六十四卦，六十四卦又有三百八十六爻，万物变化之理就在其中了。读《易》方能明此句实义。

## 是故圣人知自然之道不可违，因而制之①。

【注释】①是故圣人知自然之道不可违，因而制之：违，离。因，于是，就；因而。制，裁断、制作。

【译文】圣人与天地合德，知天下之事不能出其范围，从而裁制而辅相之。

【解读】圣人，明白宇宙自然真相之人。尧舜禹汤、文武周公、孔孟老庄，所行所言，皆是自然之道。故教导后世，不可违自然之道，其教诲皆存之经典。人不学，不知道。"为天地立心，为生民立命，为往圣继绝学，为万世开太平"，皆不可离此自然之道。

至静之道①，律历所不能契②。

【注释】①至静之道：至静之道，即自然之道。

②律历所不能契：律历，《大戴礼记·曾子天圆》："圣人慎守日月之数，以察星辰之行，以序四时之顺逆，谓之历；截十二管以宗八音之上下清浊，谓之律。律居阴而治阳，历居阳而治阴，律历迭相治也。"所以律历是治历（日历）之法。律以候气（一年的二十四节气），历以治时（推算四时朔望等），是精微缜密的。契，合也。

【译文】至静之道，其体无形无象，即使精微缜密的律历之法，还是没有离开器数的形迹，不能与道契合无间。

【解读】至静之道是无为。律历是有为。用有为法释无为法，不可得也。所以佛"无法可说"，"子欲无言"。

爰有奇器，是生万象①。八卦甲子，神机鬼藏②。阴阳相胜之术，昭昭乎进乎象矣③。

【注释】①爰有奇器，是生万象：爰，于是。奇器，奇妙之器，这里指八卦甲子。万象，一切景象。

②八卦甲子，神机鬼藏：八卦，相传为伏羲氏制作，是一套有象征意义的符号，每一卦形代表一定的事物。这就是八卦象征天、地、雷、风、山、火、水、泽八种自然现象，并且乾坤在八卦中占特别重要的地位，是自然界和人类社会一切的最初根源。甲子：相传黄帝命大桡造甲子。因为甲居十天干之首，子居十二地支之首，所以甲子代表十天干与十二地支。干支相配，可变六十。以干支纪年月日时，甚至以干支分配方位。

③阴阳相胜之术，昭昭乎进乎象矣：窃阴阳、夺造化之术。昭，彰明，显著。

**【译文】**于是，圣人创造了合道的奇器，操作很简约，万物之象由此而生。（这个奇器是什么呢？就是八卦和甲子。）八卦甲子，神妙莫测。（八卦确立起来后，天地五行不能出八卦之外；甲子确定后每年的岁时季节、日月运转不能逃脱。）阴阳消长渐变的规律，就明明白白的有迹象可循了。

**【解读】**《阴符经》的要旨，与《周易》同，不过《阴符经》略而要，《周易》详而尽。圣人之道，皆是一。圣人所立经典，也是一。《阴符经》虽略，而万物之理皆在其中！此书古人注解甚多甚详，然皆存乎一心，若识得此心，则能通达一切经典，何止《阴符经》呢？

# 附录一：轩辕黄帝阴符经

观天之道，执天之行，尽矣！

故天有五贼，见之者昌。

五贼在心，施行于天。

宇宙在乎手，万化生乎身。

天性，人也；人心，机也。立天之道，以定人也。

天发杀机，移星易宿；地发杀机，龙蛇起陆；人发杀机，天地反覆；天人合发，万化定基。

性有巧拙，可以伏藏。九窍之邪，在乎三要，可以动静。

火生于木，祸发必克；奸生于国，时动必溃。知之修炼，谓之圣人。

天生天杀，道之理也。天地，万物之盗；万物，人之盗；人，万物之盗。三盗既宜，三才既安。

故曰：食其时，百骸理；动其机，万化安。人知其神之神，不知不神之所以神也。

日月有数，大小有定，圣功生焉，神明出焉。

其盗机也，天下莫能见，莫能知。君子得之固躬，小人得之轻命。

瞽者善听，聋者善视。绝利一源，用师十倍。三返昼夜，用师万倍。

心生于物，死于物，机在目。

天之无恩而大恩生。迅雷烈风，莫不蠢然。

至乐性余，至静性廉。天之至私，用之至公。禽之制在气。

生者死之根，死者生之根。恩生于害，害生于恩。

愚人以天地文理圣，我以时物文理哲。

人以愚虞圣，我以不愚虞圣；人以奇期圣，我以不奇期圣。故曰：沉水入火，自取灭亡。

自然之道静，故天地万物生。天地之道浸，故阴阳胜。阴阳相推而变化顺矣。

是故圣人知自然之道不可违，因而制之。至静之道，律历所不能契。

爰有奇器，是生万象。八卦甲子，神机鬼藏。阴阳相胜之术，昭昭乎进乎象矣。

# 附录二：黄帝阴符经集注

经名:黄帝阴符经集注。原题伊尹等七家注。约成书于唐代。一卷。底本出处:《正统道藏》洞真部玉诀类。另有《四库全书》本、《汉魏丛书》本等。

## 序
蜀相诸葛亮撰

所谓命者,性也。性能命通,故圣人尊之,以天命愚其人而智其圣。故曰天机张而不死,地机弛而不生。观乎《阴符》,造化在乎手,生死在乎人。故圣人藏之于心,所以陶甄天地,聚散天下而不见其迹者,天机也。故黄帝得之以登云天,汤武得之以王天下,五霸得之以统诸侯。夫臣易而主难,不可以轻用。

太公九十非不遇，盖审其主焉。若使哲士执而用之，立石为主，刻木为君，亦可以享天下。夫臣尽其心而主反怖，有之不亦难乎？呜呼，无贤君则义士自死而不仕，莫若散志岩石以养其命，待生于泰阶。世人以夫子为不遇，以秦仪为得时，不然，志在立宇宙，安能驰心下走哉？文夫所耻。呜呼，后世英哲审而用之，范蠡重而长，文种轻而亡，岂不为泄天机？天机泄者，沉三劫宜然。故圣人藏诸名山，传之同好，隐之金匮，恐小人窃而弄之。

伊尹、太公、范蠡、鬼谷子、诸葛亮、张良、李筌注。

## 黄帝阴符经集注（十二家注）

### 卷上　神仙抱一演道章

观天之道，执天之行，尽矣。故天有五贼，见之者昌。

太公曰：其一贼命，其次贼物，其次贼时，其次贼功，其次贼神。贼命以一消天下，用之以味。贼物以一急天下，用之以利。贼时以一信天下，用之以反。贼功以一恩天下，用之以怨。贼神以一验天下，用之以小大。

鬼谷子曰：天之五贼，莫若贼神。此大而彼小，以小而取大。天地莫之能神，而况于人乎！

筌曰：黄帝得贼命之机，白日上升。殷周得贼神之验，以小灭大。管仲得贼时之信，九合诸侯。范蠡得贼物之急，而霸南越。张良得贼功之恩，而败强楚。

**五贼在乎心，施行乎天。宇宙在乎手，万化生乎身。**

太公曰：圣人谓之五贼，天下谓之五德。人食五味而生，食五味而死，无有怨而弃之者也。心之所味也，亦然。

鬼谷子曰：贼命可以长生不死，黄帝以少女精炁（精气）感之，时物亦然。且经冬之草，覆之而不死，露之即见伤，草木植性，尚犹如此，况人万物之灵，其机则少女以时。

广成子曰：以为积火焚五毒，五毒即五味，五味尽，可以长生也。

筌曰：人因五味而生，五味而死。五味各有所主，顺之则相生，逆之则相胜，久之则积炁熏蒸，人腐五脏，殆至灭亡。世人所以不能终其天年者，以其生生之厚矣。是以至道淡然，胎息无味。神仙之术百数，其要在抱一守中；少女之术百数，其要在还精采炁；金丹之术百数，其要在神水华池；治国之术百数，其要在清净自化；用兵之术百数，其要在奇正权谋。此五事者，卷之藏于心，隐于神；施之弥于天，给于地。宇宙瞬息，可在人之手；

万物荣枯，可生人之身。黄帝得之，先固三宫，后治万国，鼎成而驭龙上升于天也。

**天性，人也。人心，机也。立天之道，以定人也。**

亮曰：以为立天定人，其在于五贼。

**天发杀机，移星易宿。地发杀机，龙蛇起陆。人发杀机，天地反覆。**

范曰：昔伊尹佐殷，发天杀之机，克夏之命尽，而事应之，故有东征西夷怨，南征北狄怨。

太公曰：不耕三年大旱，不凿十年地坏（裂）。杀人过万，大风暴起。

亮曰：按楚杀汉兵数万，大风杳冥，昼晦，有若天地反复。

**天人合发，万变定基。**

良曰：从此一信而万信生，故为万变定基矣。

筌曰：大荒大乱，兵水旱蝗，是天杀机也。虞舜陶甄，夏禹拯骸，殷系夏台，周囚羑里，汉祖亭长，魏武乞丐，俱非王者之位，乘天杀之机也，起陆而帝。君子在野，小人在位，权臣擅威，百姓思乱，人杀机也。成汤放桀，周武代纣，项籍斩嬴婴，魏废刘协，是乘人杀之机也。覆贵为贱，反贱为贵，有若天地反复。天人之机合发，成败之理宜然。万变千化，圣人因之而定基业也。

## 性有巧拙，可以伏藏。

良曰：圣人见其巧拙，彼此不利者，其计在心。彼此利者，圣哲英雄道焉，况用兵之务哉。

筌曰：中欲不出谓之启，外邪不入谓之闭，外闭内启是其机也。难知如阴，不动如山，巧拙之性，使人无间而得窥也。

## 九窍之邪，在乎三要，可以动静。

太公曰：三要者，耳、目、口也。耳可凿而塞，目可穿而眩，口可利而讷，兴师动众，万夫莫议。其奇在三者，或可动，或可静之。

筌曰：两叶掩目，不见泰山；双豆塞耳，不闻雷霆；一椒掠舌，不能立言。九窍皆邪，不足以察机变，其在三者，神、心、志也。机动未朕，神以随之；机兆将成，心以图之；机发事行，志以断之。其机动也，与阳同其波，五岳不能镇其隅，四渎不能界其维。其机静也，与阴同其德，智士不能运其荣，深闻不能窃其谋，天地不能夺其时，而况于人乎？

火生于木，祸发必克；奸生于国，时动必溃。知之修炼，谓之圣人。

筌曰：火生于木，火发而木焚；奸生于国，奸成而国灭。木中藏火，火始于无形；国中藏奸，奸始于无象。非至圣不能修身炼行，使奸火之不发。夫国有无军之兵，无灾之祸矣，以箕子逃而缚裘牧，商容囚而蹇叔哭。

## 卷中 富国安民演法章

天生天杀，道之理也。

良曰：机出乎心，如天之生，如天之杀，则生者自谓得其生，死者自谓得其死。

天地，万物之盗；万物，人之盗；人，万物之盗。三盗既宜，三才既安。

鬼谷子曰：三盗者，彼此不觉知，但谓之神明。此三者，况车马金帛，弃之可以倾河填海，移山覆地，非命而动，然后应之。

筌曰：天地与万物生成，盗万物以衰老。万物与人之服御，盗人以骄奢。人与万物之上器，盗万物以毁败。皆自然而往。三盗各得其宜，三才递（送）安其任。

**故曰：食其时，百骸理；动其机，万化安。**

鬼谷子曰：不欲令后代人君，广敛珍宝，委积金帛；若能弃之，虽倾河填海，未足难也。食者所以治百骸，失其时而生百病（百骸）；动者所以安万物，失其机而伤万物。故曰：时之至间，不容瞬息，先之则太过，后之则不及。是以贤者守时，不肖者守命也。

**人知其神而神，不知其神所以神也。**

筌曰：人皆有圣人之圣，不贵圣人之愚。既睹其圣，又察其愚；既察其愚，复睹其圣。故《书》曰：专用聪明，则事不成；专用晦昧，则事皆勃（悖）；一明一晦，众之所载。伊尹酒保，太公屠牛，管仲作革，百里奚卖粥，当衰乱之时，人皆谓之不神，及乎逢成汤、遭文王、遇齐桓、值秦穆，道济生灵，功格宇宙，人皆谓之至神。

**日月有数，大小有定，圣功生焉，神明出焉。**

鬼谷子曰：后代伏思之，则明天地不足贵，而况于人乎？

筌曰：一岁三百六十五日，日之有数，月次十二，以积闰大小，余分有定；皆禀精炁自有，不为圣功神明而生。圣功神明，亦禀精炁自有，不为日月而生。是故成不贵乎天地，败不怨乎阴阳。

**其盗机也，天下莫能见，莫能知，君子得之固躬，小人得之轻命。**

诸葛亮曰：夫子、太公岂不贤于孙、吴、韩、白？所以君子小人异之。四子之勇，至于杀身，固不得其主而见杀矣。

筌曰：季主凌夷，天下莫见凌夷之机，而莫能知凌夷之源。霸王开国之机，而莫能知开国之机，而莫能知开国之源。君子得其机，应天顺人，乃固其躬。小人得其机，烦兵黩武，乃轻其命。《易》曰："君子见机而作，不俟终日。"又曰："知机其神乎！"机者易见而难知，见近知远。

## 卷下 强兵战胜演术章

瞽者善听，聋者善视。绝利一源，用师十倍；三反昼夜，用师万倍。

尹曰: 思之精, 所以尽其微。

良曰: 后代伏思之, 耳目之利, 绝其一源。耳目之利, 绝其一源, 绝耳或绝目。

筌曰: 人之耳目, 皆分于心, 而竟于神。心分则机不精, 神竟则机不微。是以师旷熏目而聪耳, 离朱漆耳而明目。任一源之利, 而反用师于心, 举事发机, 十全成也。退思三反, 经昼历夜, 思而后行, 举事发机, 万全成也。

太公曰: 目动而心应之, 见可则行, 见否则止。


**心生于物, 死于物, 机在目。**


筌曰: 为天下机者, 莫近乎心目。心能发目, 目能见机。秦始皇东游会稽, 项羽目见其机, 心生于物, 谓项良曰: "彼可取而代之"。晋师毕至于淮淝, 苻坚目见其机, 心死于物, 谓苻融曰: "彼勍敌也, 胡为少耶? "则知生死之心在乎物, 成败之机见于目焉。


**天之无恩, 而大恩生。迅雷烈风, 莫不蠢然。**


良曰: 熙熙哉!
太公曰: 诫惧致福。

筌曰：天心无恩，万物有心，归恩于天。老子曰："天地不仁，以万物为刍狗；圣人不仁，以百姓为刍狗。"是以施而不求其报，生而不有其功。及至迅雷烈风，威远而惧迩，万物蠢然而怀惧。天无威而惧万物，万物有惧而归威于天。圣人行赏也，无恩于有功；行伐（罚）也，无威于有罪。故赏罚自立于上，恩威自行于下也。

## 至乐性余，至静性廉。

良曰：夫机在于是也。

筌曰：乐则奢余，静则贞廉。性余则神浊，性廉则神清。神者智之泉，神清则智明。智者心之府，智公则心平。人莫鉴于流水，而鉴于澄水，以其清且平。神清意平，乃能形物之情。夫圣人者，不淫于至乐，不安于至静，能栖神静乐之间，谓之守中。如此，施利不能诱，声色不能荡，辩士不能说，智者不能动，勇者不能惧，见祸于重开之外，虑患于杳冥之内，天且不违，而况于兵之诡道者哉！

## 天之至私，用之至公。

尹曰：治极微。

良曰：其机善，虽不令天下而行之，天下所不能知，天下所不能违。

筌曰：天道曲成万物而不遗，椿菌鹏鷃，巨细修短，各得其所，至私也；云行雨施，雷电霜霓，生杀之均，至公也。圣人则天法地，养万民，察劳苦，至私也；行政令，施法象，至公也。孙武曰：视卒如爱子，可以俱死，视卒如婴儿，可与之赴深溪。爱而不能令，譬若骄子。是故令之以文，齐之以武。

**禽之制在气。**

太公曰：岂以小大而相制哉？

尹曰：气者，天之机。

筌曰：玄龟食蟒，鹖隼击鹄，黄腰啖虎，飞鼠断猿，蜒蛭唶鱼，狼犴啮鹤，余甘柔金，河车服之，无穷化玉，雄黄变铁。有不灰之木，浮水之石。夫禽兽木石得其炁，尚能以小制大，况英雄得其炁，而不能净寰海而御宇宙也。

**生者，死之根；死者，生之根。恩生于害，害生于恩。**

太公曰：损己者物爱之，厚己者物薄之。

筌曰：谋生者必先死而后生，习死者必先生而后死。鹖冠子曰：不死不生，不断不成。孙武曰：投之死地而后生，致之亡地而后存。吴起曰：兵战之场，立尸之地，必死则生，幸生则死。

恩者害之源，害者恩之源。吴树恩于越而害生，周立害于殷而恩生。死之与生也，恩之与害，相反纠缠也。

## 愚人以天地文理圣，我以时物文理哲。

太公曰：观鸟兽之时，察万物之变。

筌曰：景星见，黄龙下，翔凤至，醴泉出，嘉谷生，河不满溢，海不扬波；日月薄蚀，五星失行，四时相错，昼暝宵光，山崩川涸，冬雷夏霜；愚人以此天地文理为理乱之机。文思安安，光被四表，克明俊（峻）德，以亲九族，六府三事，无相夺伦，百谷用成，兆民用康；昏主邪臣，法令不一，重赋苛政，上下相蒙，懿戚贵臣，骄奢淫纵，酣酒嗜音，峻宇雕墙，百姓流亡，思乱怨上；我以此时物文理为理乱之机也。

## 人以愚虞圣，我以不愚虞圣；人以奇期圣，我以不奇期圣。

筌曰：贤哲之心，深妙难测。由巢之迹，人或窥之，至于应变无方，自机转而不穷之智，人岂虞之？以迹度心，乃为愚者也。

## 故曰：沉水入火，自取灭亡。

良曰：理人自死，理军亡兵。无死则无不死，无生则无不生。故知乎死生，国家安宁。

**自然之道静，故天地万物生。**

尹曰：静之至，不知所以生。

**天地之道浸，故阴阳胜。**

良曰：天地之道浸微，而推胜之。

**阴阳相推，变化顺矣。**

良曰：阴阳相推激，至于变化在于目。

**是故圣人知自然之道不可违，因而制之。**

良曰：大人见之为自然，英哲见之为制，愚者见之为化。
尹曰：知自然之道，万物不能违，故利而行之。

**至静之道，律历所不能契。**

良曰：观鸟兽之时，察万物之变。鸟兽至静，律历所不能契，从而机之。

爰有奇器，是生万象（万，一决也）。八卦甲子，神机鬼藏。阴阳相胜之术，昭昭乎进乎象矣。

良曰：六癸为天藏，可以伏藏也。万生万象者，心也。合藏阴阳之术，日月之数，昭昭乎在人心矣。

亮曰：奇器者，圣智也。天垂象，圣人则之。推甲子、画八卦、考著龟、稽律历，则鬼神之情、阴阳之理，昭著乎象，无不尽矣。八卦之象，申而用之；六十甲子，转而用之；神出鬼入，万明一矣。

广成子曰：甲子合阳九之数也，卦象出师众之法，出师以律，动合鬼神，顺天应时，而用鬼神之道也。

# 谦德国学文库丛书

## （已出书目）

弟子规·感应篇·十善业道经

三字经·百家姓·千字文·德育启蒙

千家诗

幼学琼林

龙文鞭影

女四书

了凡四训

孝经·女孝经

增广贤文

格言联璧

大学·中庸

论语

孟子

周易

礼记

左传

尚书

诗经

史记

汉书

后汉书

三国志

道德经

庄子

世说新语

墨子

荀子

韩非子

鬼谷子

山海经

孙子兵法·三十六计

素书·黄帝阴符经

近思录

传习录

洗冤集录

| | |
|---|---|
| 颜氏家训 | 酉阳杂俎 |
| 列子 | 商君书 |
| 心经·金刚经 | 读书录 |
| 六祖坛经 | 战国策 |
| 茶经·续茶经 | 吕氏春秋 |
| 唐诗三百首 | 淮南子 |
| 宋词三百首 | 营造法式 |
| 元曲三百首 | 韩诗外传 |
| 小窗幽记 | 长短经 |
| 菜根谭 | 虞初新志 |
| 围炉夜话 | 迪吉录 |
| 呻吟语 | 浮生六记 |
| 人间词话 | 文心雕龙 |
| 古文观止 | 幽梦影 |
| 黄帝内经 | 东京梦华录 |
| 五种遗规 | 阅微草堂笔记 |
| 一梦漫言 | 说苑 |
| 楚辞 | 竹窗随笔 |
| 说文解字 | 国语 |
| 资治通鉴 | 日知录 |
| 智囊全集 | 帝京景物略 |